LIBRO DE COCINA BRASILEÑO DE PESCADOS Y MARISCOS

100 RECETAS DE ALIMENTOS ÚNICOS Y SALUDABLES QUE PUEDES HACER EN CASA

JUAN GAMES

Descargo de responsabilidad

La información contenida está destinada a servir como una colección completa de estrategias sobre las que el autor de este libro electrónico ha investigado. Los resúmenes, estrategias, consejos y trucos son solo recomendaciones del autor y la lectura de este libro electrónico no garantizará que los resultados de uno reflejen exactamente los resultados del autor. El autor del eBook ha realizado todos los esfuerzos razonables para proporcionar información actualizada y precisa a los lectores del eBook. El autor y sus asociados no serán responsables de ningún error u omisión no intencional que se pueda encontrar. El material del libro electrónico puede incluir información de terceros. Los materiales de terceros forman parte de las opiniones expresadas por sus propietarios. Como tal, el autor del libro electrónico no asume responsabilidad alguna por el material u opiniones de terceros.

Sommario

INTRODUCCIÓN

La cocina brasileña se desarrolló a partir de influencias portuguesas, africanas, nativas americanas, españolas, francesas, italianas, japonesas y alemanas. Varía mucho según la región, lo que refleja la mezcla del país de poblaciones nativas e inmigrantes, y también su tamaño continental. Esto ha creado una cocina nacional marcada por la preservación de las diferencias regionales. Brasil es el país más grande de América del Sur y de América Latina. Es el quinto país más grande del mundo, tanto por área geográfica como por población, con más de 202 millones de habitantes.

Estar fuertemente relacionado con Portugal, que siempre tuvo una fuerte conexión con el mar; No es de extrañar que Brasil haya adoptado tanto el marisco y el pescado en su cocina tradicional. Uno de los platos que se destacan en esta categoría en Brasil es la Moqueca, un término general para un guiso de pescado, que hoy se ha convertido en tantos platos diferentes ... Muchas regiones de Brasil han creado su propia versión de Moqueca, basada en las especies de peces que se encuentran naturalmente en cada una de las costas de esta región.

Brasil podría ser mejor conocido por su carne de res, asados y guisos cocinados a fuego lento, pero el país, sin embargo, tiene más de 5,000 millas de costa y el extenso sistema del río Amazonas, que brindan acceso a zonas productivas de pesca marina y de agua dulce. Como resultado, pescados como el pargo, el bacalao y el róbalo figuran abundantemente en la dieta nacional. Sin embargo, al igual que con toda la cocina brasileña, las variaciones en la vasta área del país son considerables.

LUBINA

1. Lubina al horno, estilo brasileño

Rendimiento: 1 porción

Ingrediente

- 3 libras de filetes de lubina de 1 "de grosor
- 1 cucharadita de sal
- 2 cucharadas de harina
- 2 cebollas medianas en rodajas
- ¼ taza de aceite de oliva
- ⅓ taza de vinagre de vino blanco
- 3 dientes de ajo, machacados o
- Picado
- 1 cucharadita de mostaza amarilla preparada

- 2 cucharadas de perejil seco
- 1 cucharada de jugo de limón fresco
- $\frac{1}{4}$ taza de vino blanco seco
- $\frac{1}{4}$ de cucharadita de cilantro molido

a) Espolvorea el pescado con sal; espolvorear ligeramente con harina. Coloque el pescado en una fuente para hornear poco profunda de 8 * 12 ". Saltee las cebollas en aceite de oliva en una sartén hasta que estén blandas; colóquelas sobre el pescado. Combine el vinagre de vino, el ajo, el orégano y la mostaza, el perejil, el cilantro y el jugo de limón; mezcle bien y vierta sobre el pescado .

b) Vierta vino alrededor del pescado; hornee, sin tapar, en 350 hornos durante unos 45 minutos. Se puede utilizar abadejo o fletán.

2. Lubina a la plancha con salsa

Rendimiento: 4 porciones

Ingrediente

- 4 lubinas enteras pequeñas
- 4 cucharadas de aceite de oliva; dividido
- esencia
- ½ taza de cebollas picadas
- 1 taza pelada; Toma romana picada y sin semillas
- ⅓ taza de aceitunas negras sin hueso
- 1 taza de habas frescas; blanqueado, pelado
- 1 cucharada de ajo picado
- 2 cucharaditas de filetes de anchoa picados

- 1 cucharada de perejil fresco picado finamente
- 1 cucharada de albahaca fresca picada
- 1 cucharada de tomillo fresco picado
- 1 cucharada de orégano fresco picado
- $\frac{1}{2}$ taza de vino blanco
- 1 barra de mantequilla cortar en cucharadas
- 1 sal probar
- 1 pimienta negra recién molida; probar
- 2 cucharadas de perejil picado finamente

a) Precalienta la parrilla. Con un cuchillo afilado, haga tres cortes en cada pez en ángulo. Frote cada pescado con 2 cucharadas de aceite de oliva y sazone con Emeril's Essence. Coloque el pescado en la parrilla caliente y cocine a la parrilla durante 4 a 5 minutos por cada lado, dependiendo del peso de cada pescado. En una sartén, caliente el aceite de oliva restante. Cuando el aceite esté caliente, sofría las cebollas durante 1 minuto. Agregue los tomates, las aceitunas negras y las habas. Condimentar con sal y pimienta. Saltea por 2 minutos.

b) Agregue el ajo, las anchoas, las hierbas frescas y el vino blanco. Lleve el líquido a ebullición y reduzca a fuego lento. Cocine a fuego lento durante 2 minutos.

c) Incorpore la mantequilla, una cucharada a la vez.

3. Lubina con Garbanzos y Menta

- 2 piezas de papel de aluminio resistente de 12 pulgadas cuadradas
- 1 cucharada de aceite de oliva
- 2 libras de filetes de lubina
- 1 taza de hojas de menta, lavadas y sin tallo
- 1 tomate mediano, en rodajas gruesas
- 1 cebolla blanca dulce pequeña, finamente rebanada
- $\frac{1}{2}$ taza de garbanzos cocidos
- 1 cucharadita de comino molido
- $\frac{1}{2}$ cucharadita de cilantro molido
- $\frac{1}{4}$ de cucharadita de pimienta de cayena
- $\frac{1}{4}$ de cucharadita de canela en polvo Sal y pimienta negra recién molida

a) Precalienta una parrilla.
b) Extienda un trozo de papel de aluminio, unte con aceite y coloque los filetes de lubina encima. Coloque las hojas de menta, el tomate, la cebolla, los garbanzos, el comino, el cilantro, la pimienta de cayena, la canela y la sal y pimienta al gusto sobre los filetes.

c) Envuelva el papel de aluminio alrededor de las capas y engarce juntas en la parte superior. Envuelva el segundo trozo de papel de aluminio alrededor del primero, pero engarce juntos en la parte inferior. Esto forma un paquete seguro en el que la lubina y otros ingredientes pueden cocerse al vapor.

d) Coloque el paquete en la parrilla y cocine de 6 a 8 minutos. Dé vuelta y cocine de 4 a 5 minutos más, o hasta que el pescado esté firme al tacto.

e) Retire el paquete del fuego, abra el papel de aluminio y sirva.

4. Mero con Salsa Tandoori

- 1 taza de yogur natural
- $\frac{1}{4}$ de taza de jengibre fresco cortado en trozos grandes
- 4-5 cebolletas, peladas y cortadas en trozos grandes (incluya todas las hojas verdes menos $\frac{1}{2}$ pulgada)
- 6 a 8 dientes de ajo pelados
- 2 cucharadas de tandoori en polvo
- Jugo de $\frac{1}{2}$ limón (aproximadamente $1\frac{1}{2}$ cucharadas)
- $\frac{1}{2}$ cucharadita de sal marina
- 4 piezas de papel de aluminio resistente de 30 x 45 cm.
- 2 libras de filetes de mero, cortados en cuatro trozos iguales

a) Precalienta una parrilla.

b) Mezcle el yogur, el jengibre, las cebolletas, el ajo, el tandoori en polvo, el jugo de limón y la sal en el tazón de un procesador de alimentos durante 1 minuto. Raspar los lados y hacer puré durante 30 segundos o hasta que se mezclen. Dejar de lado.

c) Con una espátula de goma, retire la salsa del tazón del procesador y frote generosamente ambos lados de cada filete. Coloque los filetes sobre el papel de aluminio, coloque con una cuchara la salsa sobrante encima, doble el aluminio y engarce firmemente para formar un sello firme.

d) Coloque las bolsas en la parrilla y cocine por 5 minutos; voltee y cocine por 5 minutos más, o hasta que los filetes estén firmes al tacto.

e) Retire las bolsas del fuego y deje que los invitados abran y descubran su cena humeante.

5. Lubina a la Parrilla en Cornhusks

- 2 mazorcas de maíz fresco
- 2 libras de filetes de lubina de boca pequeña, cortados en cuatro trozos
- 4 cucharadas de mantequilla sin sal, cortada en trozos
- Jugo de 1 limón (aproximadamente 3 cucharadas)
- Sal y pimienta negra recién molida Rodajas de limón

a) Precalienta la parrilla.

b) Pelar con cuidado las hojas de maíz y reservar. Quita toda la seda de cada mazorca.

c) Sosteniendo las mazorcas en posición vertical, corte hacia abajo con un cuchillo afilado, cortando el maíz en hileras. Deseche las mazorcas y reserve el maíz cortado.

d) Extienda y presione dos o tres hojas por filete. Espolvoree una capa de maíz sobre las hojas y coloque un filete en ángulo recto con las hojas, uno encima de cada "paquete".

e) Cubre los filetes con el maíz restante. Salpique el maíz con los trozos de mantequilla.

f) Espolvoree el jugo de limón sobre cada filete y sazone con sal y pimienta.

g) Doble las hojas sobre la parte superior de los paquetes por todos los lados (para formar un sobre) y asegúrelas con palillos de dientes.

h) Colóquelo en la parrilla durante unos 6 minutos; voltee con cuidado con una espátula y cocine 6 minutos más, o hasta que las hojas estén ligeramente carbonizadas.

i) Sirve inmediatamente con las rodajas de limón.

6. Lubina rayada con totora

- 8-10 brotes de espadaña, sin la parte superior verde
- 6 a 8 colmenillas, limpias y recortadas
- $\frac{1}{2}$ taza de aceite de oliva más 1 cucharada □ $\frac{1}{2}$ taza de tomillo fresco, sin tallo y limpio
- $\frac{1}{2}$ cucharadita de sal
- 1 cucharadita de pimienta negra recién molida
- $1\frac{1}{2}$ libras de filete de lubina rayada
- Sal y pimienta negra recién molida
- 2 cucharadas de mantequilla □ Jugo de 1 limón pequeño

a) Precalienta una parrilla.

b) Retire la capa exterior dura de las espadañas y córtelas en diagonal como lo haría con las cebolletas. Dejar de lado.

c) Mezcle $\frac{1}{2}$ taza de aceite y tomillo, sal y pimienta en un tazón pequeño.

d) Con un pincel o una cuchara, cubra el filete de lubina y transfiéralo a la parrilla.

e) Mientras tanto, caliente la mantequilla y la cucharada de aceite restante en una sartén a fuego medio. Saltee las morillas durante 3 a 4 minutos, hasta que los champiñones se ablanden. Agregue los brotes de totora en rodajas, baje el fuego y cocine por 2 a 3 minutos más. Reducir el fuego y mantener caliente.

f) Asa la lubina de 4 a 5 minutos por cada lado.

g) Dividir en cuatro porciones y colocar en platos calientes. Coloque las morillas y las espadañas junto a la lubina. Rocíe el jugo de limón sobre la lubina y sazone con sal y pimienta adicionales. Servir inmediatamente.

7. Lubina Rayada con Salsa de Camarones

- 1 cebolla blanca dulce grande, finamente picada
- 3-4 dientes de ajo pelados
- 2 cucharaditas de jengibre fresco finamente picado
- 1 cucharadita de chile en polvo
- $2\frac{1}{2}$ cucharadas de aceite de canola
- $1\frac{1}{2}$ libras de filetes de lubina rayada
- 1 tomate mediano, cortado en cubitos
- 1 cucharada de pasta de camarones
- Jugo de $\frac{1}{2}$ limón (aproximadamente $1\frac{1}{2}$ cucharadas)
- Arroz blanco cocido

a) Pulse la cebolla, el ajo, el jengibre y el chile en polvo cinco o seis veces en el tazón de un procesador de alimentos. Raspe los lados y haga puré durante 1 a 2 minutos, o hasta que quede suave.

b) Caliente el aceite en una sartén mediana a fuego medio-alto. Agregue los ingredientes del puré, revuelva, reduzca el fuego a bajo y cocine por unos 15 minutos, tapado, revolviendo ocasionalmente, hasta que espese.

c) Mientras tanto, precalienta una parrilla.

d) Coloque los filetes sobre una rejilla engrasada y cocine de 3 a 4 minutos. Dé vuelta y cocine de 4 a 5 minutos más, o hasta que esté firme. Muévase al estante de calentamiento de la parrilla.

e) Agregue los tomates a la sartén, cocine de 3 a 4 minutos, agregue la pasta de camarones y revuelva durante 1 minuto.

f) Transfiera los filetes a la sartén, echando la salsa encima. Rocíe el jugo de limón encima, cubra de 1 a 2 minutos y retire del fuego.

g) Divida el pescado en cuatro porciones, vierta la salsa sobre cada una y sirva inmediatamente con arroz blanco.

h) PARA 4 PERSONAS

BACALAO

8. Tortas de bacalao brasileño

Rendimiento: 1 porción

Ingrediente

- 10 onzas de bacalao salado; en rodajas gruesas
- 8 onzas de papas harinosas
- Manteca
- Leche
- 3 cucharadas de perejil (colmado)
- 1 cucharada (colmada) de menta; picado muy fino
- Pimienta negra recién molida
- 3 huevos; apartado
- 1 cucharada de Oporto Aceite para freír

a) Escurrir el bacalao y enjuagarlo bien con agua corriente fría.

b) Cubra con agua fresca en una cacerola, hierva y cocine a fuego lento durante 20 minutos o hasta que el bacalao esté suave. Mientras el bacalao hierve a fuego lento, cuece las patatas con su piel, luego pélalas y tritúralas con mantequilla y leche. Cuando el bacalao esté listo, escurrirlo bien y quitarle la piel y las espinas.

c) Triturar el bacalao con un par de tenedores. Agrega las patatas a la crema, el perejil, la menta, el pimiento y las yemas de huevo y el oporto. Mezclar bien. Batir las claras de huevo hasta que estén firmes y luego incorporarlas a la mezcla de bacalao. Tome un trozo de la mezcla, aproximadamente del tamaño de un huevo pequeño, y moldéelo en su mano para hacer una forma de torpedo.

d) Freír en aceite a 375 grados hasta que estén crujientes y dorados por todas partes. Escurrir sobre papel toalla y servir caliente.

9. Bacalao brasileño

Rendimiento: 4 porciones

Ingrediente

- $1\frac{1}{2}$ libras a 2 libras de bacalao seco remojado
- 2 cebollas grandes, en rodajas
- 6 cucharadas de mantequilla
- 1 diente de ajo picado
- 3 papas grandes
- 2 cucharadas de pan rallado
- 10 aceitunas verdes deshuesadas
- 10 aceitunas negras
- 4 huevos duros
- $\frac{1}{2}$ taza de perejil fresco picado
- Vinagre de vino
- Aceite de oliva

- Pimienta negra recién molida

a) Ponga el bacalao en una cacerola y agregue suficiente agua fría para cubrir. Llevar a hervir.

b) Con un tenedor, desmenuce la carne en trozos grandes. Sofría las cebollas en 3 cucharadas de mantequilla hasta que estén tiernas y doradas. Agrega el ajo. Hervir las patatas sin pelar en agua con sal. Cuando estén tiernas (unos 20 minutos), retirar del fuego, poner bajo agua corriente fría y quitarles la piel. Escurrir y cortar en trozos de $\frac{1}{4}$ de pulgada.

c) Precaliente el horno a 350 ° F. Engrase una cazuela de $1\frac{1}{2}$ cuarto de galón con las 3 cucharadas de mantequilla restantes. Coloque una capa de la mitad de las patatas, luego la mitad del bacalao y luego la mitad de las cebollas. Espolvoree con un poco de pimienta y repita las capas. Espolvorea el pan rallado sobre la capa superior.

d) Hornee por 15 minutos o hasta que esté completamente caliente y ligeramente dorado.

10. Bacalao Negro con Sorbete de Naranja

- $1\frac{1}{2}$ tazas de sorbete de naranja
- $\frac{1}{2}$ taza de menta fresca finamente picada
- Jugo de 1 naranja grande (aproximadamente $\frac{1}{2}$ taza) más ralladura (aproximadamente 2 cucharadas)
- $1\frac{1}{2}$ libras de filetes de bacalao negro

a) Precalienta una parrilla.

b) Derrita el sorbete en una cacerola de 4 cuartos a fuego medio-alto.

c) Agrega la menta, el jugo de naranja y la mitad de la ralladura. Baje el fuego a medio y cocine, sin tapar, de 7 a 8 minutos, o hasta que se reduzca en un tercio. Dejar enfriar.

d) Coloque los filetes en un recipiente poco profundo y vierta la salsa sobre ellos; voltee y cubra bien. Refrigere por 30 minutos.

e) Retire los filetes de la marinada y transfiéralos a la parrilla. Cocine 4 minutos. Dale la vuelta y unta la marinada adicional encima. Cocine 4 minutos más o hasta que el pescado esté ligeramente blando al pincharlo.

f) Dividir en cuatro porciones iguales, decorar con la ralladura de naranja restante y servir.

PARA 4 PERSONAS

11. Bacalao con Salsa Puttanesca

- 2 piezas de papel de aluminio resistente, cada una de 12 pulgadas cuadradas
- 2 libras de filete de bacalao
- 1 cucharada de aceite de oliva
- 2 puerros, tallos verdes cortados, en rodajas finas
- 1 tomate mediano, cortado en cubitos
- $\frac{1}{4}$ de taza de champán (o vino blanco seco)
- 8-10 aceitunas kalamata, sin hueso y en rodajas
- 3-4 dientes de ajo picados
- 2 cucharadas de alcaparras
- 1 cucharadita de orégano fresco
- 1 cucharadita de vinagre balsámico

- 1 cucharadita de pimienta negra recién molida
- Sal

a) Precalienta una parrilla.

b) Colocar el bacalao sobre el papel de aluminio, untarlo con aceite y colocar encima los puerros, el tomate, el champagne, las aceitunas, el ajo, las alcaparras, el orégano, el vinagre, la pimienta y la sal al gusto.

c) Engarce firmemente el papel de aluminio alrededor. Envuelva un segundo trozo de papel de aluminio alrededor del paquete, doblándolo en el lado opuesto. Asegúrese de que el paquete esté seguro. Colóquelo en la parrilla directamente sobre el fuego. Cocine de 8 a 10 minutos; voltee y cocine de 3 a 4 minutos más. Abra el paquete e inserte la punta de un cuchillo en el filete. Si se siente firme, está hecho.

d) Retire del fuego, destape y transfiera el plato a una fuente grande para servir.

2-4 PORCIONES

12. Tortitas de pescado de desayuno de Hugo

Para 4 personas

- 400 g (14 oz) de papas harinosas del cultivo principal, cocidas
- 300 g (11 oz) de filete de bacalao
- 225 ml (8 onzas líquidas) de leche entera
- 1 tira pelada de ralladura de limón
- 1 hoja de laurel
- 40 g (1½ oz) de mantequilla
- 2 cucharaditas de aceite de oliva
- 1 cebolla pequeña finamente picada
- un puñado de perejil
- 1 cucharadita de jugo de limón fresco
- 25 g (1 oz) de harina común
- 1 huevo grande, batido
- 100 g (4 oz) de pan rallado blanco fresco

a) En una sartén poner el pescado, la leche, la ralladura de limón, el laurel y un poco de pimienta negra. Tape, lleve a ebullición y cocine a fuego lento durante 4 minutos o hasta que el pescado esté bien cocido.

b) Derrita 15 g ($\frac{1}{2}$ oz) de mantequilla en una sartén mediana, agregue 1 cucharadita de aceite de oliva y la cebolla y cocine a fuego lento durante 6 a 7 minutos, hasta que estén suaves y translúcidos pero no dorados. Agregue el puré de papas y deje que se calienten por completo; luego agregue el pescado, el perejil, el jugo de limón y 2 cucharadas de leche para escalfar y mezcle bien.

c) Ponga el huevo en un plato llano y el pan rallado en otro. Con las manos ligeramente mojadas, forme la mezcla con la harina en ocho pasteles de pescado de aproximadamente 1 cm ($\frac{1}{2}$ pulgada) de grosor. Sumérgelas en el huevo batido y luego en el pan rallado, colócalas en una bandeja de horno y déjalas enfriar durante 1 hora (o mejor aún durante la noche) en la nevera.

d) Calentar el resto de la mantequilla y la última cucharadita de aceite en una sartén antiadherente hasta que la mantequilla se haya derretido, agregar los pasteles de pescado y luego freírlos suavemente durante unos 5 minutos por cada lado hasta que estén dorados.

13.Guiso de pescador brasileño

Rendimiento: 6 porciones

Ingrediente

- 3 cebollas, en rodajas
- ½ cucharadita de ajo picado
- 2 cucharadas de margarina
- 16 onzas de frijoles blancos, escurridos
- 2 cuartos de agua
- 2 hojas de laurel
- 16 onzas de caldo de pollo
- 16 onzas de tomates guisados

-

  $1\frac{1}{2}$ cucharadita de tomillo
- 1 libra de pescado blanco
- $\frac{1}{4}$ taza de jugo de limón $\frac{1}{2}$ taza de agua

a) En una olla grande, cocine las cebollas y el ajo en margarina hasta que las cebollas estén transparentes, aproximadamente 5 minutos. Agregue los frijoles, 2 cuartos de galón de agua, las hojas de laurel, el caldo de pollo, los tomates y el tomillo. Llevar a hervir; reduzca el fuego y cocine a fuego lento durante 30 minutos.

b) En una sartén aparte, cocine a fuego lento el pescado en jugo de limón y $\frac{1}{2}$ taza de agua hasta que el pescado se desmenuce fácilmente con un tenedor, de 5 a 10 minutos.

c) Escurre el agua de limón; agregue el pescado al guiso y caliente bien antes de servir.

SARDINAS Y MACKEREL

14.Guiso de sardinas a la plancha

Rendimiento: 4 porciones

Ingrediente

- 4 cucharadas de aceite de oliva
- 1 taza de cebollas picadas
- 2 hojas de laurel
- 1 sal probar
- 1 pimienta negra recién molida; probar
- ½ libras de chorizo; en rodajas de 1/4 de grosor
- 12 dientes de ajo enteros; pelado, blanqueado
- 1 taza pelada; tom fresco picado y sin semillas
- ½ libras de papas nuevas; descuartizado

- 2 cucharaditas de hojas de tomillo frescas picadas
- 2 cucharaditas de albahaca fresca picada
- 2 cucharaditas de perejil fresco picado
- 1 cuarto de caldo de pollo
- 16 sardinas frescas
- 16 brochetas de madera; empapado en agua

a) En una cacerola grande, a fuego medio-alto, calienta 2 cucharadas de aceite. Cuando el aceite esté caliente, agregue las cebollas. Con las manos, triture las hojas de laurel sobre las cebollas. Condimentar con sal y pimienta.

b) Saltee durante 8 minutos. Agrega la salchicha y continúa cocinando por 2 minutos. Agrega los dientes de ajo y los tomates. Condimentar con sal y pimienta. Saltea por 2 minutos. Agregue las papas y las hierbas.

c) Agrega el caldo de pollo y deja hervir el líquido. Mezcle las sardinas con el aceite de oliva restante. Condimentar con sal y pimienta. Pinche cuatro sardinas en cada pincho de madera. Coloque las brochetas en la parrilla y cocine durante 2 minutos por cada lado.

d) Retirar de la parrilla. Para servir, coloque el estofado en el centro de cada tazón poco profundo. Coloque una brocheta de sardinas sobre el guiso y sirva.

15. Sardinas Rellenas

- 14 sardinas grandes (o 20 pequeñas)
- 14-20 hojas de laurel frescas
- 1 naranja, cortada a la mitad a lo largo y luego en rodajas
- para el relleno
- 50 g (2 oz) de grosellas
- 4 cucharadas de aceite de oliva extra virgen
- 1 cebolla finamente picada
- 4 dientes de ajo finamente picados
- pizca de chiles secos triturados

□

- 75 g (3 oz) de pan rallado blanco fresco
- 2 cucharadas de perejil de hoja plana recién picado
- 15 g ($\frac{1}{2}$ oz) de filetes de anchoa en aceite de oliva, escurridos

  2 cucharadas de alcaparras pequeñas picadas
- ralladura de $\frac{1}{2}$ naranja pequeña, más jugo de naranja
- 25 g (1 oz) de queso pecorino o parmesano finamente rallado
- 50 g (2 oz) de piñones, ligeramente tostados

a) Para el relleno, cubra las grosellas con agua caliente y déjelas a un lado durante 10 minutos para que se rellenen. Caliente el aceite en una sartén, agregue la cebolla, el ajo y los chiles secos triturados y cocine a fuego lento durante 6-7 minutos hasta que la cebolla esté suave pero no dorada. Retire la sartén del fuego y agregue el pan rallado, el perejil, las anchoas, las alcaparras, la ralladura y el jugo de naranja, el queso y los piñones. Escurre bien las grosellas y revuelve, luego sazona al gusto con sal y pimienta.

b) Coloque alrededor de $1\frac{1}{2}$ cucharadas del relleno a lo largo de la cabecera de cada sardina y enróllelas hacia la cola. Empaquételos bien en la fuente para hornear poco profunda engrasada.

c) Condimentar ligeramente el pescado con sal y pimienta, rociar un poco más de aceite y hornear durante 20 minutos. Sirva a temperatura ambiente o fría como parte de una variedad de antipasti.

16. Caballa diabólica

Para 4 personas

- 4 caballas, limpias y recortadas
- 40 g ($1\frac{1}{2}$ oz) de mantequilla
- 1 cucharadita de azúcar en polvo
- 1 cucharadita de mostaza inglesa en polvo
- 1 cucharadita de pimienta de cayena

- 1 cucharadita de pimentón
- 1 cucharadita de cilantro molido
- 2 cucharadas de vinagre de vino tinto
- 1 cucharadita de pimienta recién molida
- 2 cucharaditas de sal
- para la ensalada de menta y tomate
- 225 g (8 oz) de tomates pequeños maduros en rama, en rodajas
  1 cebolla pequeña, cortada por la mitad y en rodajas muy finas
- 1 cucharada de menta fresca picada
- 1 cucharada de jugo de limón fresco

a) Derretir la mantequilla en una pequeña fuente para asar. Retire del fuego, agregue el azúcar, la mostaza, las especias, el vinagre, la pimienta y la sal y mezcle bien. Agrega la caballa a la mantequilla especiada y dales la vuelta una o dos veces hasta que estén bien cubiertos con la mezcla, esparciendo un poco en la cavidad de cada pescado también. Transfiérelos a una bandeja para hornear ligeramente engrasada o a la rejilla de la parrilla y cocine a la parrilla durante 4 minutos por cada lado, hasta que estén bien cocidos.

b) Mientras tanto, para la ensalada, coloque capas de tomates en rodajas, cebolla y menta en cuatro platos para servir, y espolvoree las capas con jugo de limón y un poco de condimento. Acompañe la caballa cocida y sírvala, con unas patatas fritas en rodajas si lo desea.

MEJILLONES Y ALMEJAS

17. Mejillones a la Brasil

Rendimiento: 3 porciones

□

Ingrediente

- $1\frac{1}{2}$ kilogramos de mejillones
- 4 chalotes finamente picados
- 1 diente de ajo picado
- 2 cucharadas de aceite de oliva
- 3 cucharaditas de mantequilla
- $\frac{2}{3}$ taza de vino blanco seco
- $\frac{1}{3}$ Vaso de agua
- 3 cucharaditas de perejil finamente picado
- 2 ramitas de tomillo fresco o una pizca de tomillo seco

2 hojas de laurel
$\frac{1}{2}$ cucharadita de pimienta negra molida

- 125 mililitros Nata fresca
- Perejil extra picado Cuartos de limón

a) Si las conchas de los mejillones están rajadas o rotas, deséchelas. Si algunos mejillones están ligeramente abiertos, golpéelos con fuerza y, si no cierran, deséchelos.

b) Sofreír el ajo y las chalotas en aceite de oliva y mantequilla hasta que estén transparentes pero sin color. Agrega el vino, el agua, el perejil, el tomillo, el laurel, la pimienta y los mejillones. Vierta la crema por encima.

c) Tape la sartén, déjela hervir y cocine al vapor a fuego alto durante unos 4 minutos, agitando la sartén constantemente. Las conchas se abrirán mientras se cocinan los mejillones.

□

□

18. Cazuela de mariscos brasileña

Rendimiento: 4 porciones

Ingrediente

- ½ taza de aceite de oliva
- 250 gramos de cerdo en cubitos
- 2 cebollas; Cortado
- 2 tomates; pelado y picado
- 2 palitos de cabanossi; rebanado
- 2 dientes de ajo; aplastada
- 3 tazas de arroz de grano largo Sunlong
- 2 tazas de agua

- 1 taza de vino blanco
- $\frac{1}{4}$ de cucharadita de azafrán
- 2 cucharaditas de agua caliente
- 500 gramos Gambas verdes; pelar y desvenar
- 500 gramos de mejillones; barbas quitadas

  2 capuchas de calamares; rebanado $\frac{1}{2}$ taza de guisantes congelados

a) Calentar la mitad del aceite en una sartén grande. Sofría la carne de cerdo, las cebollas, los tomates, el cabanossi y el ajo durante 3 minutos. Retirar a un plato.

b) Caliente el aceite restante en la misma sartén. Saltee el arroz Sunlong Long Grain durante 1 minuto. Agregue el agua, el vino y el azafrán y el agua caliente combinados. Cocine a fuego lento, sin tapar, durante 5 minutos.

c) Agregue la mezcla de mariscos y cerdo. Cocine a fuego lento, tapado, durante 5 minutos, revolviendo ocasionalmente. Cocine a fuego lento otros 5 minutos, sin tapar. Revuelva con los guisantes.

□

□

d) Cocine a fuego lento durante 5 minutos más o hasta que se absorba todo el líquido y el arroz esté tierno.

e) Sirva la cazuela con ensalada verde y pan crujiente.

19. Horneado de almejas brasileñas

Rendimiento: 4 porciones

Ingrediente

- 4 papas rojas pequeñas
- $\frac{1}{2}$ libras de chorizo; rebanado
- 4 salchichas de desayuno

- 4 perros calientes
- 4 cebollas; pelado
- 2 mazorcas de maíz dulce; descascarado, roto
- 2 hojas de laurel
- sal al gusto
- pimienta negra recién molida; probar
- hojuelas de pimiento rojo triturado; probar
- Vapores de 2 cuartos de galón; (almejas blandas)

  3 cucharadas de cebolla verde picada

  3 cucharadas de perejil picado; para Decorar

a) En una olla grande combine las papas, las salchichas, las salchichas, las cebollas, el maíz y las hojas de laurel. Cubra con aproximadamente 3 cuartos de galón de agua fría y sazone al gusto con sal, pimienta y pimiento rojo triturado.

b) Deje hervir, reduzca el fuego y cocine a fuego lento durante 20 minutos. Agrega las almejas, tapa y cocina hasta que se abran, unos 15 minutos. Puede servir esto directamente de la olla en la mesa.

□

□

20. Guiso de almejas brasileño

Rendimiento: 4 porciones

Ingrediente

- 2 tazas de papas nuevas; en cuartos, cocido
- 1 cucharada de aceite de oliva
- 1 libra de salchicha de chorizo; cerca de 4 enlaces
- ⅔taza de cebolla; Cortado
- $\frac{1}{4}$ de taza de cilantro; Cortado
- 2 cucharadas de ajo; picado
- 2 cucharadas de chalotas; picado
- 2 tazas de papas; dados medianos

- 2 cucharaditas de sal
- ½ cucharadita de pimientos rojos triturados
- 1 cucharadita de pimienta negra
- 4 tazas de caldo de camarones

  48 almejas de cuello pequeño; fregado

  1 taza de tomates pera italianos; pelado
- ½ taza de cebollas verdes; Cortado
- 2 cucharaditas de esencia
- ¾ taza de alioli de ajo asado
- 12 rebanadas de pan crujiente
- 2 cucharadas de perejil; Cortado

a) Precaliente el horno a 375 grados F. En una sartén, caliente el aceite de oliva. Cuando la sartén esté humeante, agrega el chorizo. Dorar la salchicha durante 2-3 minutos.

b) Agregue las cebollas, el cilantro, el ajo, las chalotas, las papas, la sal, el pimiento rojo triturado, la pimienta negra y la salsa de camarones. Llevar a hervir. Agregue las almejas, los tomates, las cebolletas y la esencia. Tape la sartén y cocine a fuego alto hasta que todas las almejas estén abiertas, aproximadamente 5 minutos. Retírelo del calor. Para los picatostes: Unte 1 cucharada de alioli sobre cada rebanada de pan.

c) Hornee por 2-3 minutos o hasta que estén doradas. Coloque el estofado en un tazón poco profundo y sirva con crutones. Adorne con perejil picado.

21. Almejas al vapor brasileñas

Rendimiento: 2 porciones

Ingrediente

- 2 onzas de jamón hervido; finamente picada
- $\frac{1}{4}$ de taza de chalota finamente picada
- 2 dientes de ajo; picado

- ½ cucharadita de hojuelas de pimiento rojo picante seco
- 3 cucharadas de aceite de oliva
- ½ taza de vino blanco seco
- ½ pimiento rojo; finamente picada
- 18 almejas pequeñas de cáscara dura
- 1 cucharada de jugo de limón fresco; más

- 2 cucharaditas de jugo de limón fresco; o al gusto
- ⅓ taza de hojas de cilantro frescas, finamente picadas

a) En una olla cocine el jamón, la chalota, el ajo y las hojuelas de pimiento rojo en el aceite a fuego moderado-bajo, revolviendo, durante 3 minutos, agregue el vino, el pimiento morrón y las almejas, y cocine al vapor la mezcla tapada, durante 5 minutos, o hasta que las almejas comiencen a abrirse.

b) Transfiera las almejas a medida que se abren con pinzas a 2 tazones calientes, cúbralos y continúe cocinando al vapor las almejas sin abrir, agitando el hervidor y transfiriendo las almejas a medida que se abren, por hasta 10 minutos más.

c) Retire la tetera del fuego, mezcle el jugo de limón y el cilantro en el caldo y vierta el caldo sobre las almejas.

22. Crema de Mejillones con Azafrán

Para 4 personas

- 750 g (1 libra 10 oz) de mejillones pequeños, limpios
- 4 cucharadas de vino blanco seco
- 50 g (2 oz) de mantequilla
- 225 g (8 oz) de apio nabo pelado y picado
- 125 g (4½ oz) de puerro, en rodajas
- 1 diente de ajo pequeño, picado
- unos 750 ml de caldo de pescado
- buena pizca de hebras de azafrán
- 175 g (6 oz) de tomates maduros en rama 4 cucharadas de crema fresca

a) Pon los mejillones y 2 cucharadas de vino en una cacerola mediana. Ponga a fuego alto y cocine de 2 a 3 minutos o hasta que los mejillones se abran.

b) Derretir la mantequilla en una sartén limpia, agregar el apio, el puerro, el ajo y el resto del vino. Tape y cocine a fuego lento durante 5 minutos.

c) Ponga todo menos la última cucharada o dos del licor de mejillones en una jarra medidora grande y complete hasta 900 ml con el caldo de pescado. Agregue a la sartén las verduras junto con el azafrán y los tomates, tape y cocine a fuego lento durante 30 minutos.

d) Deje que la sopa se enfríe un poco, luego mezcle hasta que quede suave. Primero pasar por un colador, luego pasar una vez más por un chinois a una cacerola limpia, llevar nuevamente a ebullición. Agregue la crema fresca y un poco de condimento al gusto.

e) Retire la sartén del fuego y agregue los mejillones para calentarlos brevemente, pero no permita que se cocinen más de lo que ya lo han hecho.

23.Navajas a la Plancha

Para 4 personas

- 24 navajas, lavadas
- aceite de oliva virgen extra de buena calidad
- Rodajas de limón
- hojas de perejil recién picadas, escamas de sal marina y pimienta negra recién molida, para servir

a) Caliente su sartén grande de base pesada o una plancha plana a fuego alto hasta que esté muy caliente. Agrega un poco de aceite de oliva y una sola capa de almejas, con las bisagras hacia abajo.

b) Tan pronto como se hayan abierto, darles la vuelta para que las carnes entren en contacto con la base de la sartén y cocinar durante aproximadamente 1 minuto, hasta que estén ligeramente doradas.

c) Vuelva a dar la vuelta a las almejas, rocíe un poco más de aceite de oliva y colóquelas en un plato para servir caliente. Sirva con una rodaja de limón o dos y espolvoree con perejil picado, un poco de sal marina y pimienta negra recién molida y los jugos de la sartén. Repite el proceso con las almejas restantes.

24. Mariscos Fríos con Alioli Cremoso

Para 6

- 1,5 kg (3 lb 5 oz) de almejas pequeñas, mejillones o berberechos pequeños, o una mezcla
- 150 ml ($\frac{1}{4}$ de pinta) de vino blanco seco
- 500 g (1 libra) de langostinos cocidos con cáscara del Atlántico norte, sin la cabeza, pero sin el resto de la cáscara
- alioli (ver más abajo)
- 3 cucharadas de perejil de hoja plana recién picado

- mucho pan francés fresco

Poner los mariscos en una sartén grande con el vino, tapar y cocinar a fuego fuerte, agitando la sartén de vez en cuando, durante 2-3 minutos o hasta que se hayan abierto todos. Colócalos en un colador colocado sobre un tazón para recolectar los jugos de cocción.

b) Regrese 3 cucharadas del líquido de cocción a la sartén enfriada con el alioli y bata brevemente hasta que quede suave. Regrese los mariscos a la salsa con las gambas y 2 cucharadas de perejil. Mezclar bien y dejar enfriar pero no enfriar.

c) Para servir, coloque los mariscos en una fuente grande ovalada o en platos individuales y esparza con el perejil restante. Sirva con abundante pan francés fresco.

d) Para hacer alioli, mezcle 4 dientes de ajo machacados y $\frac{1}{2}$ cucharadita de sal hasta obtener una pasta suave. Vierta en un tazón y agregue 1 yema de huevo mediana y 2 cucharaditas de jugo de limón. Batir con un batidor eléctrico añadiendo lentamente aceite.

a)

25. Conchas blandas al vapor del Atlántico

Rendimiento: 1 porción

Ingrediente

- 4 cada una Docena de pequeñas almejas blandas con cáscara
- 1 taza de agua
- 1 cucharada de condimento para mariscos
- $\frac{1}{4}$ de cucharadita de pimienta
- 1 cucharada de margarina

Espolvorea con condimentos. Cubra bien, hierva y reduzca el fuego. Cocine de 10 a 15 minutos o hasta que se abran las cáscaras. Escurre las almejas, reservando el líquido.

b) Colar el líquido y agregar la margarina.

c) Sirva las almejas calientes en conchas con caldo a un lado para mojar.

a)

CAMARONES Y LANGOSTINOS

26. Camarones picantes a la brasileña

Rendimiento: 1 porción

Ingrediente

- 2 libras de camarones gigantes, pelados y desvenados
- 1 cucharada de ajo picado
- 1 cucharada de chiles rojos de cayena frescos finamente picados, sin semillas
- $\frac{1}{2}$ taza de aceite de oliva extra virgen, preferiblemente importado de Brasil

- $\frac{1}{2}$ taza de aceite de oliva extra virgen
- Salsa de pimiento rojo picante, al gusto

En una fuente de vidrio para hornear mezcle los camarones con el ajo, los chiles y el aceite de oliva. Cubra y deje marinar, refrigerado, durante al menos 24 horas. Precaliente la parrilla o asador y cocine los camarones, untando ocasionalmente con la marinada, durante 2 a 3 minutos por lado.

b) En un tazón pequeño, mezcle $\frac{1}{2}$ taza de aceite de oliva y salsa de pimiento rojo picante, al gusto.

c) Sirve los camarones calientes a la parrilla con la salsa para mojar.

a)

27. Tempura de Mariscos

Para 8 porciones

- 250 g (9 oz) de calamar (bolsas y tentáculos)
- 20 langostinos tigre crudos
- 250 g (9 oz) de filete de lenguado de limón sin piel
- mucho aceite de girasol, para freír
- para la masa de tempura
- 115 g ($4\frac{1}{4}$ oz) de harina común
- 115 g ($4\frac{1}{4}$ oz) de harina de maíz
- 300 ml ($\frac{1}{4}$ de pinta) de agua con gas helada, de una botella nueva
- sal marina

- para la salsa de soja y jengibre
- 90 ml (3 onzas líquidas) de salsa de soja oscura

□

□

2 rodajas finas de jengibre de raíz fresco pelado, muy finamente picado

$\frac{1}{2}$ manojo de cebolletas tiernas, en rodajas muy finas

- para la salsa de chile dulce
- 150 ml (5 fl oz) de salsa de chile dulce
- 1 cucharada de salsa de soja ligera
- $\frac{1}{4}$ de cucharadita de polvo de cinco especias chinas
- $1\frac{1}{2}$ cucharada de agua fría

a) Mezcle los ingredientes para cada salsa para mojar.

b) Tamizar la mitad de la harina, la mitad de la maicena y una pizca de sal en un tazón grande, y tamizar el resto de la harina y la maicena y una pizca de sal en otro.

c) Eche ocho trozos de mariscos mezclados en la masa, sáquelos uno a la vez y viértalos inmediatamente en el aceite caliente. Freír por solo 1 minuto hasta que estén crujientes y ligeramente dorados, luego levante y escurra en mucho papel de cocina.

28. Bola de masa de gambas y sopa de fideos

Para 4 personas

Para la sopa

- 3,5 litros de caldo de pollo
- 8 dientes de ajo, en rodajas
- Jengibre de raíz de 5 cm (2 pulgadas)
- 3 cucharadas de salsa de pescado tailandesa
- 160g ($5\frac{3}{4}$oz) de fideos finos estilo asiático
- 1 guindilla roja medianamente picante, en rodajas finas
- 4 cucharaditas de jugo de lima
- 30 g ($1\frac{1}{4}$ oz) de cebolletas, en rodajas
- 125 g ($4\frac{1}{2}$ oz) de brotes de soja frescos

□

□

- pequeño puñado de menta fresca y cilantro

Para las albóndigas

240 g ($8\frac{1}{2}$ oz) de carne de cerdo magra picada

2g pizca de pasta de camarones tailandeses

- 1 huevo
- 80 g (3 oz) de gambas crudas peladas

a) Poner el caldo en una cacerola grande junto con el ajo, el jengibre y la salsa de pescado. Deje hervir a fuego lento durante 1 hora. Cuele en una sartén limpia y continúe cocinando a fuego lento hasta que se reduzca a 1.2 litros (2 pintas). Mantener caliente.

b) Para hacer las albóndigas, coloque la carne de cerdo picada en un procesador de alimentos con la pasta de camarones, el huevo y $\frac{1}{4}$ de cucharadita de sal y procese hasta obtener una pasta suave. Cortar las gambas a lo largo. Transfiera la pasta de cerdo picada a un tazón y agregue las gambas picadas. Forme bolitas de 10 a 15 g ($\frac{1}{4}$ a $\frac{1}{2}$ oz) de la mezcla y colóquelas en una vaporera de pétalos abierta.

c) Caliente cuatro tazones de sopa hondos en un horno bajo. Llene una olla grande y poco profunda con agua hasta una profundidad de 2 cm ($\frac{3}{4}$ pulgadas) y déjela hervir. Agregue el vaporizador de pétalos de albóndigas, reduzca el fuego a fuego lento, cubra y cocine al vapor durante 4 minutos o hasta que esté bien cocido.

29. Guiso de mariscos brasileño

Rendimiento: 10 porciones

Ingrediente

- $\frac{3}{4}$ libras de bacalao Filetes de pescado

□

□

- 1 libra de camarones medianos
- $\frac{1}{4}$ de taza de jugo de limón verde; dividido
- $\frac{1}{2}$ cucharadita de salsa de pimienta
- 1 cucharadita de sal; dividido
- 2 cucharadas de aceite de oliva
- 1 taza de cebolla picada
- 1 taza de pimiento verde picado
- 2 dientes de ajo grandes; picado
  4 tazas de tomates enteros pelados y enlatados
  $\frac{3}{4}$ taza de leche de coco
- 1 taza de cebolla verde picada
- 1 taza de cilantro fresco picado □ Arroz cocido caliente

a) En un tazón poco profundo que no sea de aluminio, combine el pescado, los camarones, 2 cucharadas de jugo de lima, 1/4 de cucharadita de salsa de pimienta y 1/2 cucharadita de sal; revuelva para mezclar. Tape y deje marinar en el refrigerador por 30 minutos. En una sartén grande, a fuego medio-alto, caliente el aceite; sofría la cebolla, el pimiento verde y el ajo hasta que estén tiernos. Romper los tomates; agregar a la sartén. Agregue la leche de coco, las 2 cucharadas restantes de jugo de lima, 1 cucharadita de salsa de pimienta y 1/2 cucharada de sal. Mezclar bien. Deje hervir, reduzca el fuego y cocine a fuego lento de 2 a 3 minutos. Agregue el pescado marinado y cocine a fuego lento durante 10 minutos o hasta que los mariscos estén bien cocidos.

b) Agregue los camarones y cocine a fuego lento durante 5 minutos más. Justo antes de servir, agregue la cebolla verde y el cilantro.

SALMÓN

30. Olki de vina de salmón

Rendimiento: 1 porción

Ingrediente

- 2 tazas de vinagre

-
-
- 4 tazas de agua
- 2 cucharaditas de canela
- 4 cucharaditas de semillas de comino molidas
- 6 dientes de ajo grandes, machacados
- Sal y pimienta para probar Salmón

a) Mezcle todos los ingredientes en una olla grande y revuelva bien.

b) Agregue las rodajas de salmón y revuelva bien para que cada rodaja absorba las especias y el ajo.

c) Déjelo en salmuera durante la noche, pero no más de 24 horas, ya que el salmón tiende a volverse blando.

d) Retirar de la salmuera, enrollar en migas de galleta o harina y freír en aceite caliente.

31. Brochetas de salmón y boletus

- $\frac{1}{4}$ taza de aceite de oliva
- $\frac{1}{4}$ de taza de perejil, finamente picado
- $\frac{1}{4}$ de taza de tomillo fresco, sin tallos, finamente picado
- 2 cucharadas de jugo de limón
- 2 cucharadas de pimienta negra molida gruesa
- 1 cucharadita de sal
- $1\frac{1}{2}$ libras de filetes de salmón, cortados en 24 cubos
- 1 a $1\frac{1}{2}$ libras de champiñones
- 8 brochetas de madera

- Rodajas de limón

a) Mezcle el aceite, el perejil, el tomillo, el jugo de limón, la sal y la pimienta en un tazón grande.

b) Agregue los trozos de salmón, mezcle bien, cubra y refrigere por 1 hora.

c) Precalienta una parrilla.

d) Retire la mezcla del refrigerador, agregue los trozos de champiñones y revuelva para cubrir los champiñones con la marinada. Escurrir en un colador.

e) Alterne salmón y champiñones en brochetas para hacer ocho brochetas, cada una con tres piezas de pescado y tres piezas de champiñones.

f) Coloque las brochetas remojadas en una parrilla engrasada y cocine 4 minutos. Dé vuelta y cocine 4 minutos más, o hasta que los filetes estén ligeramente suaves al tacto.

32. Salmón Rey Salvaje A La Parrilla

- 1 langosta, 1¾ libras
- ½ taza de mantequilla derretida
- 2 libras de filetes de salmón
- ¼ taza de cebolla morada finamente picada
- 3 cucharadas de vinagre blanco
- 2 cucharadas de agua
- ¼ taza de crema espesa
- 2 cucharadas de estragón fresco finamente picado
- 4 cucharadas (½ barra) de mantequilla
- Sal y pimienta negra recién molida
- Rodajas de limón y jugo
- Ensalada de naranja sanguina

a) Rocíe la mantequilla y el jugo de limón en la cavidad de la langosta.

b) Coloque la langosta boca arriba en la parrilla, sobre la bandeja de ahumado. Cierre la tapa y fume durante unos 25 minutos. Transfiera a una tabla de cortar y retire la carne de la cola y las garras, reservando el coral y todos los jugos en el refrigerador.

c) Para hacer la beurre blanc, hierva la cebolla, el vinagre y el agua en una cacerola mediana a fuego medio-alto; reduzca el fuego y cocine a fuego lento durante 3 a 4 minutos, o hasta que se reduzca aproximadamente a la mitad. Agrega la nata y el estragón; cocine a fuego lento durante 1 a 2 minutos, o hasta que se reduzca a la mitad. Batir los trozos de mantequilla.

d) Prepare la parrilla y coloque el salmón en el lado caliente.

e) Agrega los trozos de langosta y los jugos a la cacerola con el beurre blanc, revuelve y sube el fuego a medio-alto. Cocine a fuego lento, tapado, revolviendo varias veces, durante 3 a 4 minutos, o hasta que la carne de langosta esté completamente caliente.

33. Filetes de salmón con jarabe de arce

- $\frac{1}{4}$ de taza de jarabe de arce puro
- $\frac{1}{4}$ de taza de mirin o vino blanco
- $\frac{1}{4}$ de taza de salsa de soja baja en sodio
- 2 cucharadas de aceite de oliva
- Jugo de $\frac{1}{2}$ limón (aproximadamente $1\frac{1}{2}$ cucharada) y ralladura de 1 limón (aproximadamente 1 cucharada)
- 2 cucharadas de pimienta negra molida
- 2 libras de salmón, cortado en filetes de $\frac{3}{4}$ de pulgada de grosor

a) Mezcle el jarabe de arce, el mirin, la salsa de soja, el aceite, el jugo de limón y los granos de pimienta en un recipiente no corrosivo. Coloca los filetes en la marinada y refrigera por 30 minutos.

b) Precalienta una parrilla.

c) Retire los filetes de salmón de la marinada, escurra, seque y reserve la marinada. Coloque los filetes directamente sobre el fuego y cocine por 4 minutos; voltee y cocine 4 minutos más o hasta que los filetes estén ligeramente suaves al tacto. Ase a la parrilla un tiempo más corto para raras, más tiempo para bien cocidas.

d) Mientras tanto, después de dar la vuelta a los filetes, caliente la marinada en una cacerola pequeña a fuego medio-alto hasta que hierva y luego cocine a fuego lento durante 5 minutos. Apague inmediatamente el fuego.

e) Sirva la salsa sobre los filetes de salmón.

34.Sopa De Salmón Y Maíz

- 1 libra de filete de salmón
- 2 mazorcas de maíz fresco
- 2 cucharadas de aceite de oliva
- 1 cebolla mediana finamente picada
- 1 papa dorada Yukon mediana, cortada en cubitos
- 2 tazas de leche entera
- 1 taza de crema ligera
- 4 cucharadas de mantequilla sin sal
- $\frac{1}{2}$ cucharadita de salsa Worcestershire
- $\frac{1}{4}$ taza de estragón finamente picado
- 1 cucharadita de pimentón
- Sal y pimienta negra recién molida
- galletas de ostras

a) Precalienta una parrilla.

b) Coloque el salmón y las mazorcas de maíz en la parrilla engrasada. Cocine 6 minutos; luego voltee y cocine de 4 a 5 minutos más. Dejar de lado.

c) Con un cuchillo afilado, retire las mazorcas de maíz y corte el salmón en trozos pequeños. Dejar de lado.

d) Caliente 1 cucharada de aceite en una cacerola de 4 cuartos a fuego medio-alto. Agrega la cebolla y la papa. Cocine tapado durante unos 10 minutos o hasta que las cebollas estén blandas. Agregue la leche, la crema, la mantequilla y la salsa Worcestershire. Cocine a fuego lento durante unos 10 minutos o hasta que las patatas estén blandas.

e) Agregue el maíz, el salmón, el estragón, el pimentón, la sal y la pimienta y cocine a fuego lento durante 5 minutos.

f) Transfiera a tazones y sirva inmediatamente con galletas de ostras.

35. Salmón curado con eneldo

Para 6

- 2 filetes de salmón sin piel de 750 g (1 lb 10 oz)
- manojo grande de eneldo, picado en trozos grandes
- 100 g (4 oz) de sal marina gruesa
- 75 g (3 oz) de azúcar en polvo
- 2 cucharadas de granos de pimienta blanca triturados
- para la salsa de rábano picante y mostaza
- 2 cucharaditas de rábano picante finamente rallado (fresco o de un frasco)
- 2 cucharaditas de cebolla finamente rallada
- 1 cucharadita de mostaza de Dijon

- 1 cucharadita de azúcar en polvo
- 2 cucharadas de vinagre de vino blanco
- buena pizca de sal
- 175 ml (6 onzas líquidas) de crema doble

a) Coloque uno de los filetes de salmón, con la piel hacia abajo, sobre una hoja grande de film transparente. Mezclar el eneldo con la sal, el azúcar y los granos de pimienta triturados y esparcirlo sobre la cara cortada del salmón. Coloque el otro filete encima, con la piel hacia arriba.

b) Envuelva bien el pescado en dos o tres capas de film transparente y colóquelo en una bandeja grande y poco profunda. Coloque una bandeja o tabla de cortar un poco más pequeña sobre el pescado y péselo. Enfríe durante 2 días, volteando el pescado cada 12 horas para que la mezcla salobre que se desarrollará dentro del paquete rocie el pescado.

c) Para hacer la salsa de rábano picante y mostaza, mezcle todos los ingredientes excepto la crema. Batir la crema en picos suaves, agregar la mezcla de rábano picante, tapar y enfriar.

d) Para servir, retire el pescado de la mezcla salobre y córtelo en rodajas muy finas, como lo haría con el salmón. Coloque unas rodajas de gravlax en cada plato y sirva con un poco de salsa.

36.Salteado de salmón fresco del Atlántico

Rendimiento: 1 porción

Ingrediente

- 3 filetes de salmón
- 1 cucharada de mantequilla
- $\frac{1}{4}$ de cucharadita de sal Chef
- $\frac{1}{2}$ taza de harina sazonada
- 1 cucharada de tomate en cubitos
- 1 cucharada de cebolla verde picada
- 1 cucharada de champiñones en rodajas
- 2 cucharadas de vino blanco para cocinar

$\frac{1}{2}$ jugo de limón pequeño

2 cucharadas de mantequilla blanda

a) Corta el salmón en rodajas finas. Sazone el salmón con Chef Salt y póngalo en harina.

b) Saltear en mantequilla rápidamente por cada lado y retirar. Agregue los champiñones en rodajas, el tomate, la cebolla verde, el jugo de limón y el vino blanco.

c) Reducir a fuego durante unos 30 segundos. Agregue la mantequilla y sirva la salsa sobre el salmón.

-
-

37. Salmón a la plancha con panceta

Rendimiento: 4 porciones

Ingrediente

- 1 libra de hongos Morel frescos
- 2 chalotes; Picado
- 1 diente de ajo; Picado
- 10 cucharadas de mantequilla; Cortar en piezas
- 1 taza de jerez seco o madeira
- 4 piezas de filetes de salmón

- Aceite de oliva
- Sal y pimienta recién molida

16 cebollas verdes

4 cucharadas de panceta; En cubos y recortado

a) Saltee las chalotas y el ajo en 2 cucharadas de mantequilla a fuego lento hasta que estén suaves. Agregue las colmenillas, suba el fuego y cocine 1 minuto. Agregue jerez y reduzca a la mitad.

b) Batir la mantequilla restante, trabajando dentro y fuera del fuego, hasta que esté emulsionada.

c) Caliente una parrilla o una sartén para parrilla estriada. Unte los filetes de salmón con aceite y sazone con sal y pimienta. Transfiera el salmón a una sartén grande y cocine en el horno durante 5 a 10 minutos.

d) Caliente una sartén pesada de tamaño mediano a fuego alto. Agrega unas cucharadas de aceite de oliva. Agregue cebollas verdes y panceta. Cocine brevemente, agitando la sartén para evitar que se frían. Agregue la mezcla de morillas y mezcle. Sazone ligeramente.

•

•

e) Coloque un filete de salmón en el centro de un plato caliente. Vierta la mezcla de colmenillas por encima y por los lados.

38. Caldo de coco picante con salmón

Ingrediente

- 1 150 g. pieza de salmón por persona; (150 hasta 180)
- 1 taza de arroz jazmín
- $\frac{1}{4}$ taza de vainas de cardamomo verde

- 1 cucharadita de clavo
- 1 cucharadita de granos de pimienta blanca
- 2 ramitas de canela
- 4 anís estrellado
- 2 cucharadas de aceite
  3 cebollas; picado muy fino

  $\frac{1}{2}$ cucharada de cúrcuma
- 1 litro de leche de coco
- 500 mililitros Crema de coco
- 6 tomates maduros grandes
- 1 cucharada de azúcar morena
- 20 mililitros Salsa de pescado
- Sal al gusto
- 2 cucharadas de Garam masala

a) Garam Masala: Asar en seco las especias por separado en una sartén. Combine todas las especias en un molinillo de café o mortero y muele.

b) Caldo de coco picante: Caliente el aceite en una sartén grande y cocine las cebollas hasta que estén transparentes. Agregue la cúrcuma y el

-
-

jengibre y cocine a fuego lento durante unos 20 minutos, luego agregue los ingredientes restantes. Llevar a ebullición.

c) Mientras se cocina el caldo, cocine el salmón y el arroz jazmín. El salmón se puede escalfar en caldo de pescado, asar al carbón o freír en sartén.

39.Chinook del río Columbia

- 1 taza de cerezas frescas, lavadas y sin hueso
- ½ taza de caldo de pescado o pollo
- ¼ taza de tomillo fresco, sin tallo

- 2 cucharadas de brandy
- 1 cucharadita de jugo de limón fresco
- 2 cucharadas de azúcar morena
- $1\frac{1}{2}$ cucharaditas de vinagre balsámico
- $1\frac{1}{2}$ a 2 libras de filetes de salmón Rodajas de limón

a) Precalienta una parrilla.

b) Pulsa las cerezas tres o cuatro veces en el bol de un procesador de alimentos, hasta que estén picadas en trozos grandes.

c) Cocine a fuego lento el caldo, el tomillo, el brandy y el jugo de limón en una cacerola a fuego medio durante 10 a 12 minutos, o hasta que se reduzca a la mitad.

d) Agregue el azúcar morena y el vinagre, revuelva y cocine a fuego lento durante 2 a 3 minutos, hasta que esté completamente caliente. Retirar del fuego pero mantener caliente.

e) Coloque los filetes de salmón en la parrilla engrasada y cocine de 4 a 5 minutos; voltee y cocine de 4 a 5 minutos más, hasta que los filetes estén ligeramente suaves al tacto.

f) Dividir en cuatro porciones. Sirva la salsa tibia en el centro de cuatro platos, creando charcos. Coloque el salmón directamente sobre la salsa.

g) Sirve con las rodajas de limón.

CEVICHE

40. Ceviche de aguacate y vieiras

Ingrediente

- ½ taza de jugo de limón verde fresco
- 3 cucharadas de aceite de maní o:
- Aceite vegetal
- 24 granos de pimienta verde, triturados
- Sal al gusto

¾ libras de vieiras de mar o bahía

-
-

-
-

1 aguacate maduro grande, pelado
2 cucharadas de cebollino fresco

40 hongos blancos pequeños

- $\frac{1}{4}$ taza de aceite vegetal
- 2 cucharadas de jugo de limón fresco
- 1 diente de ajo mediano, pelado y triturado
- Sal y pimienta al gusto
- Cebolletas

a) Combine el jugo de limón, el aceite, los granos de pimienta, la sal y la pimienta en un recipiente de vidrio o cerámica. Revuelva en las vieiras

b) Machaca el aguacate hasta que esté casi suave, luego agrégalo junto con las cebolletas o cebolletas a las vieiras marinadas.

c) Combine el aceite vegetal, el jugo de limón, el ajo, la sal y la pimienta en un tazón pequeño y cepille el interior de los champiñones generosamente con la mezcla.

41.Ceviche de vieiras

Rendimiento: 6 porciones

Ingrediente

- $1\frac{1}{2}$ cucharadita de comino molido
- 1 taza de jugo de limón fresco
- $\frac{1}{2}$ taza de jugo de naranja fresco
- 2 libras de vieiras
- 1 ají rojo picante; picado muy fino
-
-

-
-

$\frac{1}{4}$ de taza de cebolla morada; picado muy fino

3 tomates pera maduros; sin semillas y picado
1 pimiento rojo; sin semillas y picado

3 cebollas verdes; Cortado

- 1 taza de cilantro fresco picado
- 1 lima; en rodajas, para decorar

a) Agrega el comino a los jugos de lima y naranja y vierte sobre las vieiras.

b) Agregue el pimiento picado y la cebolla roja. Cubra y refrigere por al menos 2 horas.

c) Justo antes de servir, escurre las vieiras y mézclalas con los tomates picados, el pimiento morrón, las cebolletas y el cilantro. Adorne con las rodajas de lima.

42.Ceviche solero

Rendimiento: 1 porción

- 1 libra de camarones; limpiado, pelado y cortado
- 1 libra de filetes de pargo; desollado y cortado
- 1 cucharada de aceite de oliva
- 1 cucharada de jugo de naranja fresco
- 1 cucharada de vinagre blanco
-
-

-
-

½ taza de jugo de limón fresco

1 cucharada de ajo; Cortado
1 cucharada de cebolla morada; Cortado

4 onzas de pimiento rojo cortado en cubitos (aproximadamente 3/8 de taza)

- 1 jalapeño; cortado en cubitos
- 1 pizca de comino molido
- 1 cucharadita de sal
- 1 cucharada de hojas de cilantro picadas
- 2 cucharadas de puré de maracuyá

a) Cocine los camarones, en agua hirviendo hasta cubrir, 1 minuto. Colar y refrigerar, tapado, hasta que se enfríe.

b) Combine los cubos de pargo, el aceite, el jugo de naranja, el vinagre, el jugo de limón, el ajo, la cebolla, el pimiento morrón, el jalapeño, el comino, la sal, el cilantro y el puré de maracuyá en un tazón grande. Agrega los camarones;

tapar y marinar en el frigorífico por lo menos 6 horas.

c) Sirva sobre tiras de escarola o lechuga adornadas con tiras de pimiento y rodajas de lima.

-
-

-

43. Ceviche de mango y atún

Rendimiento: 4 porciones

Ingrediente

- $\frac{3}{4}$ libras de filete de atún
- $\frac{1}{2}$ taza de jugo de limón
- $\frac{1}{2}$ taza (4 onzas) de leche de coco
- 2 cucharadas de aceite de oliva
- Sal y pimienta

- 1 taza de mango pequeño cortado en cubitos
  2 cucharadas de pimiento rojo pequeño cortado en cubitos
- 2 cucharadas de cilantro fresco picado
- 2 cucharadas de coco tostado
- 2 cucharadas de chalotas picadas
- Ramitas de cilantro para decorar

a) Cortar el atún en trozos pequeños, colocar en un bol de vidrio, cubrir con el jugo de limón y la leche de coco. Cubra y refrigere por 4 horas.

b) Vierta el exceso de líquido y mezcle con 1 cucharada de aceite de oliva y sal y pimienta al gusto. En otro tazón, combine el mango, los pimientos, el cilantro, las chalotas, el coco y el aceite de oliva restante, y sazone. Combine los ingredientes restantes para condimentar. Empiece a construir su parfait. Coloque 1 cucharada de condimento en el fondo de cada vaso. Cubra con 2 cucharadas de atún.

-

44.Ceviche de vieiras

Rendimiento: 4 porciones

Ingrediente

- 1 libra de vieiras frescas
- 1 taza de jugo de lima para cubrir
- 2 cada uno Ajo, clavo, picado

- 1 pimiento rojo de cada uno, sin semillas, cortado en juliana
  2 chiles de cada uno, verdes, dulces, sin semillas y en juliana
- $\frac{1}{2}$ manojo de cilantro, sin tallos, picado en trozos grandes
- 1 tomate grande, sin corazón, picado
- 2 chiles cada uno, jalapeño
- $\frac{1}{2}$ taza de aceite de oliva

a) Cortar las vieiras en tercios, cortándolas de forma que conserven la forma y les dé un tamaño uniforme. Coloque las vieiras en un bol, agregue el jugo de lima y deje marinar durante 1 hora.

b) Después de una hora, agregue el ajo, el pimiento rojo y el chile verde dulce. Mezclar bien.

c) Agregue el cilantro, el tomate y los chiles jalapeños. Agregue aceite de oliva y mezcle bien.

-

45.Ceviche de verano con carpaccio de atún

Rendimiento: 6 porciones

Ingrediente

- 1 libra de atún para sushi
- 1 cebolla morada; finamente cortado en cubitos
- $\frac{1}{4}$ de taza de maíz fresco; finamente cortado en cubitos
- 1 taza de jícama; finamente cortado en cubitos
- 1 limón exprimido
- 1 lima; exprimido

1 naranja exprimido

- 1 manojo de cebollino
- $\frac{1}{2}$ taza de Wasabi en polvo
- 1 taza de agua

a) Corta el atún en 6 porciones iguales, aplica aceite sobre papel encerado y coloca el papel entre cada pieza de atún. Libra al tamaño deseado con un cuchillo de carnicero y luego enfría en una nevera.

b) En un tazón mediano, agregue todas las verduras y todo el jugo de limón, lima y naranja. Deja que macere todo durante 10 minutos.
Drene el líquido. Enfríe los platos.

c) Retire el carpaccio de la nevera y retire la capa superior de papel encerado y voltee el atún en el plato, luego coloque el ceviche en partes iguales entre todos los platos.

d) Mezcle wasabi y agua y colóquelo en una botella rociadora. Rocíe por encima.

-

46. Ensalada de pargo con ceviche de wasabi

Rendimiento: 4-6

Ingrediente

- 600 gramos de filetes de pargo, cortados en cubitos
- ¼ taza de vodka Namida Wasabi
- ½ taza de jugo de limón
- 1 ralladura de lima
- 2 cucharadas de Tabasco; o al gusto
- 1 cucharada de azúcar

1 cucharadita de sal

- 1 taza de jugo de tomate
- 1 cebolla morada pequeña; picado muy fino
- 2 tomates; sin corazón, sin semillas, picado
- 1 pimiento rojo; sin corazón, sin semillas, en rodajas
- 2 cucharadas de cilantro

a) Mezcle los primeros siete elementos.

b) Cubra y refrigere por al menos 1 hora.

c) Destape y agregue el resto de ingredientes.

d) Mezclar todo bien.

e) Vierta en un tazón grande.

f) Sirva con otro tazón lleno de verduras para ensalada y un tazón de mayonesa Namida Wasabi.

-

47.Ceviche estilo yucateco

Rendimiento: 6 porciones

Ingrediente

- $1\frac{1}{2}$ libras de filetes de pescado blanco firme
- $\frac{3}{4}$ libras de camarones grandes, 16-24 unidades
- 1 cebolla dulce grande
- 3 a 4 habaneros, tostados ligeramente
- 1 taza de jugo de limón verde fresco
- $\frac{1}{2}$ taza de jugo de naranja fresco

a) Cortar el pescado en rodajas de $\frac{1}{4}$ de pulgada; retire los huesos a medida que avanza. Coloque el pescado en un plato de vidrio o cerámica vidriada lo suficientemente grande como para mantenerlo en una sola capa.

b) Pele y quite las venas de los camarones, enjuagándolos solo si es necesario para quitarles la arena. Corta los camarones por la mitad a lo largo o en forma de mariposa.

c) Coloque los camarones sobre el pescado. Corta la cebolla por la mitad a lo largo y luego transversalmente en rodajas finas.

d) Coloque la cebolla sobre el pescado y los camarones.

e) Usar guantes de goma, tallo, semilla y astilla de los habaneros y esparcirlos sobre las cebollas. Sazone el plato con sal y vierta los jugos de lima y naranja.

f) Tape y deje marinar en el refrigerador durante 8 horas o toda la noche, o hasta que el pescado y los camarones estén opacos.

48.Ceviche de Rape con Aguacate

Para 6

- 500 g (1 libra) de filetes de rape
- jugo de 3 limones
- 1 guindilla roja medianamente picante, cortada a la mitad y sin semillas
- 1 cebolla morada pequeña
- 6 tomates maduros en rama, sin piel
- 3 cucharadas de aceite de oliva extra virgen
- 2 cucharadas de cilantro recién picado □ 1 aguacate grande maduro pero firme

a) Vierta el rape sobre el jugo de lima, asegurándose de que todas las rodajas de pescado estén completamente cubiertas de jugo.

b) Mientras tanto, corte cada mitad de chile para obtener rodajas muy finas y ligeramente rizadas. Corta la cebolla en cuartos y luego corta cada cuña a lo largo en rodajas finas en forma de arco. Corta cada tomate en cuartos y quita las semillas. Corta cada trozo de carne a lo largo en rodajas finas en forma de arco.

c) Justo antes de que esté listo para servir, levante el rape del jugo de lima con una espumadera y póngalo en un bol grande con la guindilla, la cebolla, el tomate, el aceite de oliva, la mayor parte del cilantro y un poco de sal al gusto. Mezcle ligeramente.

d) Cortar el aguacate por la mitad, quitarle el hueso y pelarlo. Corta cada mitad a lo largo en rodajas finas. Coloque de 3 a 4 rodajas de aguacate en un lado de cada plato. Apila el ceviche en el otro lado y espolvorea con el resto del cilantro. Servir inmediatamente.

CALAMAR Y PULPO

49. Calamar frito

- 250 g (9 oz) de calamares limpios
- aceite de oliva, para freír
- sémola finamente molida o harina común, para espolvorear
- rodajas de limón, para servir
- 2 dientes de ajo
- 200 g (7 oz) de mayonesa
- 1 cucharadita de pimentón ahumado

a) Para hacer el pimentón ahumado y la mayonesa de ajo, poner los dientes de ajo en una tabla de picar, espolvorear con una pizca grande de sal y triturar hasta obtener una pasta suave con el lado plano de la hoja de un cuchillo grande. Agrega la mayonesa junto con el pimentón ahumado.

b) Corta las bolsas de calamar en anillos delgados y separa los tentáculos en pares. Extienda los anillos y tentáculos en una bandeja y sazone ligeramente con sal y pimienta.

c) Vierta el aceite de oliva en una sartén grande y profunda a una profundidad de 1 cm ($\frac{1}{2}$ pulgada) y caliente a 190 ° C / 375 ° F a fuego medioalto. Incorpora los calamares en la harina de trigo, sémola o harina, quita el exceso y deja reposar 1-2 minutos para que la harina quede ligeramente húmeda. Esto le dará un acabado más nítido.

d) Sofreír los calamares en pequeñas tandas durante 1 minuto hasta que estén crujientes y ligeramente dorados. Escurrir brevemente sobre papel de cocina, transferir a un plato para servir tibio. Sirve caliente, con el pimentón ahumado y la mahonesa de ajo y las rodajas de limón.

50. Ensalada De Pulpo Con Especias Y Perejil

- 1 pulpo, limpio
- 50 ml (2 fl oz) de aceite de oliva extra virgen
- 7,5 cm (3 pulgadas) de ramita de canela
- 4 dientes
- 6 bayas de pimienta de Jamaica
- 1 cucharadita de granos de pimienta negra
- ¾ cucharadita de jugo de limón fresco
- 1 cucharada de perejil de hoja plana, picado en trozos grandes
- 2 cucharaditas de aceite de oliva extra virgen

a) Poner el pulpo en una cazuela pequeña con el aceite de oliva, la canela, el clavo, las bayas de pimienta gorda, los granos de pimienta y 1 cucharadita de sal. Cubra con una tapa hermética y hornee por 2 horas o hasta que estén tiernas.

b) Saca la cazuela del horno y coloca el pulpo en un plato. Cuele los jugos de cocción en una cacerola pequeña y hierva rápidamente hasta que se reduzca aproximadamente a la mitad y tenga un sabor muy bueno. Dejar enfriar junto con el pulpo.

c) Cuando el pulpo esté frío, corte los tentáculos y córtelos en diagonal en rodajas de unos 5 mm ($\frac{1}{4}$ de pulgada) de grosor. Corta el cuerpo en trozos de tamaño similar.

d) Ponga el pulpo en un bol y agregue 3 cucharadas del licor de cocción reducido, el jugo de limón y el perejil. Mezcle bien, vierta en un plato para servir poco profundo y rocíe con el aceite de oliva extra virgen justo antes de servir a temperatura ambiente.

CONCLUSIÓN

¡Gracias por hacer este viaje culinario conmigo!

La cocina sudamericana nos depara muchas sorpresas deliciosas. Con su origen europeo, nativo y también africano, el pescado y marisco brasileño es verdaderamente una experiencia única. Con sus playas perfectas, sus bosques tropicales, su salvaje Carnaval de Río y su sentido de la buena vida, este país siempre ha fascinado a personas de todo el mundo.

ATÚN

51. Atún Ahumado con Salsa Ponzu

- ½ taza de sake
- Jugo de 2/3 de limón (aproximadamente 2 cucharadas)
- 1 cucharada de salsa de soja baja en sodio
- 1½ libras de atún para sushi
- 1 cucharadita de aceite de sésamo
- ½ taza de brotes de bambú
- ½ taza de hongos shiitake, finamente picados (o ostras o baby bellas)
- 3-4 dientes de ajo, cortados en cubitos

- 2 cucharadas de jengibre fresco finamente picado
- $\frac{1}{2}$ taza de salsa ponzu
- Arroz integral cocido □ Rodajas de limón

a) Prepare una parrilla para asar a la parrilla con humo.

b) En un recipiente no corrosivo, mezcle el sake, el jugo de limón y la salsa de soja. Marina el atún en la mezcla durante 20 a 30 minutos en el refrigerador.

c) Retirar el atún, escurrir y colocar en el lado frío de la parrilla. Fuma durante unos 45 minutos con la tapa cerrada. El atún quedará bastante raro y suave al tacto.

d) Mientras tanto, caliente el aceite de sésamo en una sartén grande o wok a fuego medio-alto. Saltee los brotes de bambú, los champiñones, el ajo y el jengibre durante 1 a 2 minutos. Agregue la salsa Ponzu, cocine a fuego lento de 6 a 8 minutos hasta que las verduras estén bien cubiertas y apague el fuego.

e) Retirar el atún del fuego y dividirlo en cuatro porciones. Coloque en platos calientes con arroz integral y vierta la salsa sobre el pescado y el arroz. Sirve con las rodajas de limón.

52. Brochetas de atún

- $\frac{1}{4}$ de taza de jugo de limón
- 1 cucharada de aceite de oliva
- 2 cucharadas de mejorana seca
- 2 cucharadas de orégano seco
- 2 cucharadas de tomillo seco
- $\frac{1}{2}$ cucharadita de sal marina
- 1 cucharada de pimienta negra recién molida
- 16 piezas de filetes de atún, cortados en cubos de 1$\frac{1}{2}$ pulgada, aproximadamente 1 libra
- 24 piezas de pimiento verde de 1$\frac{1}{2}$ pulgada (aproximadamente 2 grandes)
- 24 piezas de pimiento rojo de 1$\frac{1}{2}$ pulgada (aproximadamente 2 grandes)
- 24 piezas de cebolla roja de 1 pulgada (aproximadamente 2 medianas)

- 16 tomates cherry
- 6 brochetas de madera ($11\frac{1}{2}$ pulgadas de largo), remojadas durante 30 minutos en agua tibia

a) En un tazón grande, combine el jugo de limón, el aceite, la mejorana, el orégano, el tomillo, la sal y la pimienta. Mezcle los trozos de pescado, los pimientos, la cebolla y los tomates, cubriendo todos los trozos.

b) En cada una de las cuatro brochetas, alterne una pieza de pescado, una pieza de pimiento verde, una pieza de pimiento rojo y una pieza de cebolla hasta llenar todas las brochetas. Ensarta ocho tomates cherry en dos brochetas separadas. Dejar de lado.

c) Coloque todas las brochetas, excepto la que tiene tomates, en una parrilla engrasada. Dar la vuelta después de 4 a 5 minutos y agregar las brochetas de tomate a la parrilla. Ase las brochetas de pescado de 4 a 5 minutos más, o hasta que el pescado esté firme al tacto, y retírelas. Para el atún medio crudo, reduzca el tiempo de asado a la mitad. Retire las brochetas de tomate después de 5 minutos.

d) Quita los tomates de sus pinchos

53.Filetes de atún y naranjas sanguinas

- 4 filetes de atún, de 6 a 8 onzas cada uno
- 1/3 taza de salsa de soja baja en sodio
- Jugo de 1 naranja sanguina fresca (aproximadamente 4 cucharadas)
- $\frac{1}{4}$ taza de jengibre fresco finamente picado
- 2 cucharadas de jugo de limón fresco
- 2 cucharadas de sirope de arce puro
- Sal y pimienta negra recién molida
- Ralladura de 1 naranja sanguina
- 8 rodajas de naranja sanguina (aproximadamente 2 naranjas pequeñas)

a) Combine los filetes de atún, la salsa de soja, el jugo de naranja, el jengibre, el jugo de lima y el jarabe de arce en un tazón grande para mezclar. Revuelva, cubra y refrigere durante aproximadamente 30 minutos.

b) Precalienta una parrilla.

c) Quite cuatro pedazos de papel de aluminio, de 30 x 30 cm cada uno. Retire los filetes de atún de la marinada y coloque uno en el centro de cada trozo de papel de aluminio. Sazone con sal y pimienta y cubra cada uno con la ralladura y dos rodajas de naranja. Engarce bien el papel de aluminio.

d) Ase durante 4 a 5 minutos; voltee y cocine a la parrilla 5 minutos más, o hasta que el atún esté firme al tacto.

e) Desenvuelva cada paquete de papel de aluminio y sirva inmediatamente.

54. Hamburguesas de Atún a la Parrilla

- 1½ libras de atún fresco
- 2 huevos batidos
- 4-6 pepinillos o pepinillos pequeños
- Sal
- 1 cucharadita de pimienta negra recién molida
- 1 cucharada de aceite de oliva
- ½ taza de cebolla blanca dulce finamente picada
- 2 tazas de maíz fresco
- ¼ taza de vino blanco seco
- Jugo de 1 limón (aproximadamente 3 cucharadas) y ralladura de ese limón (aproximadamente 1 cucharada)
- 1½ cucharadas de eneldo fresco finamente picado

- Salsa de Limón y Maíz

a) Coloque el atún en la parrilla engrasada y cocine a la parrilla durante 3 a 4 minutos. Dé vuelta y cocine a la parrilla de 3 a 4 minutos más, o hasta que el pescado esté ligeramente blando. Retirar y enfriar.

b) Separe el atún enfriado en un tazón grande, luego agregue los huevos, los pepinillos, la sal al gusto y la pimienta y tritúrelos con un tenedor grande. Dejar de lado.

c) Caliente el aceite en una cacerola grande a fuego medio-alto. Agregue la cebolla y saltee de 2 a 3 minutos, hasta que esté blanda. Agregue el maíz, el vino, el jugo de limón y el eneldo y cocine a fuego lento durante 4 a 5 minutos. Retirar del fuego.

d) Mezcle bien el líquido y la ralladura con el atún. Forme cuatro hamburguesas con la mezcla. Coloque las hamburguesas en una bandeja para pizza perforada y aceitada o en una canasta de malla de alambre sobre la parrilla. Dore las hamburguesas durante 3 a 4 minutos; voltee y cocine de 3 a 4 minutos más, o hasta que esté firme al tacto.

e) Sirva sobre panecillos de hamburguesa tostados con salsa de maíz y limón.

55.Carpaccio de Atún con Menta

Para 4 personas

- 225g pieza de lomo de atún, congelado
- 1 tomate en rama maduro
- 1 cucharadita de alcaparras pequeñas, escurridas y enjuagadas
- 4 hojas de menta, finamente ralladas
- 4 hojas de perejil de hoja plana, finamente ralladas
- para el aderezo de mostaza
- 1 cucharadita de mostaza de Dijon
- 1 cucharadita de vinagre de vino blanco
- 2 cucharadas de aceite de oliva extra virgen

a) Saca el atún del congelador, desenvuélvelo y colócalo en una tabla de picar. Corta el atún en rodajas muy finas con un cuchillo muy afilado y de hoja larga.

a) Coloque unas cuatro rodajas de atún en una sola capa sobre la base de cuatro platos fríos, presionando las rodajas ligeramente para que se junten.

b) Para el aderezo de mostaza, mezcle la mostaza y el vinagre en un tazón pequeño y luego agregue el aceite 1 cucharadita a la vez para que forme un aderezo espeso y bien emulsionado. Agrega unas gotas de agua tibia para que se afloje un poco y sazona al gusto con un poco de sal y pimienta.

c) Con una cucharadita, rocíe el aderezo de mostaza sobre el atún en forma de zigzag. Luego esparce un poco de tomate cortado en cubitos, alcaparras, menta rallada y perejil sobre cada plato. Espolvoree con un poco de sal marina en hojuelas y pimienta negra y sirva inmediatamente.

56. Atún Marinado con Maracuyá

Para 4 personas

- Trozo de filete de lomo de atún de 3 cm ($1\frac{1}{2}$ pulgada) de grosor,
- 2 maracuyá pequeñas, maduras y arrugadas,
- 1 cucharada de jugo de lima
- 3 cucharadas de aceite de girasol
- 1 guindilla verde medianamente picante
- 1 cucharadita de azúcar en polvo
- $1\frac{1}{2}$ cucharada de cilantro finamente picado

a) Poner el trozo de filete de lomo de atún en una tabla y cortarlo en rodajas muy finas. Coloque las rodajas, una al lado de la otra, pero juntas, sobre la base de cuatro platos grandes. Cubra cada uno con papel film y déjelo enfriar durante al menos 1 hora, o hasta que esté listo para servir.

b) Poco antes de servir, prepara el aderezo para marinar. Corta la fruta de la pasión por la mitad y coloca la pulpa en un colador colocado sobre un bol. Frote la pulpa a través del colador para extraer el jugo y deseche las semillas. Debería quedarse con aproximadamente una cucharada de jugo. Agregue el jugo de limón, el aceite de girasol, la guindilla verde, el azúcar, el cilantro, $\frac{1}{2}$ cucharadita de sal y un poco de pimienta recién molida.

c) Para servir, destape los platos, vierta el aderezo sobre el aderezo y extiéndalo sobre la superficie del pescado con el dorso de la cuchara. Dejar actuar 10 minutos antes de servir.

OSTRAS

57. Ostras con Salsa Mignonette

2 porciones

- 12 ostras
- para la salsa mignonette
- 3 cucharadas de vinagre de vino blanco de buena calidad
- 1 cucharadita de aceite de girasol
- $\frac{1}{4}$ de cucharadita de granos de pimienta blanca finamente triturados
- 1 cucharada de tapas de cebolleta tiernas en rodajas muy finas

a) Para abrir las ostras, envuelva una mano en un paño de cocina y sostenga la ostra con la concha plana hacia arriba. Empuje la punta de un cuchillo para ostras en la bisagra, ubicada en el punto más estrecho, y mueva el cuchillo hacia adelante y hacia atrás hasta que la bisagra se rompa y pueda deslizar el cuchillo entre las dos conchas. Gira la punta del cuchillo hacia arriba para hacer palanca en la parte superior del caparazón, corta el ligamento y levanta el caparazón. Suelte la carne de ostra de la concha inferior y retírela, sacando los pedacitos de concha.

b) Mezcle los ingredientes para la salsa justo antes de servir. Vuelva a poner las carnes de ostras en las conchas y vierta un poco de salsa sobre cada una y sirva.

58. Sopa de ostras con jengibre

Para 4 personas

- 12 ostras del Pacífico
- 1,5 litros (2½ pintas) de caldo de pollo frío de buena calidad
- 2 cucharaditas de salsa de pescado tailandesa
- 1 cucharadita de salsa de soja ligera
- 1 guindilla verde medianamente picante, sin semillas y picada en trozos grandes
- Trozo de 1 cm (½ pulgada) de raíz de jengibre fresco, en rodajas
- 100 g (4 oz) de filete de pescado blanco barato, finamente picado
- 50 g (2 oz) de puerros, en rodajas finas
- 1 clara de huevo
- unas hojas de estragón, perifollo y perejil tierno, para decorar

a) Abre las ostras y vierte los jugos en un bol. Libere las carnes de ostras de sus conchas y manténgalas frías hasta que las necesite.

b) Coloque el jugo de ostras, el caldo de pollo frío, la salsa de pescado tailandesa, la salsa de soja, el chile verde, el jengibre, el pescado picado, los puerros, la clara de huevo y 1 cucharadita de sal en una sartén grande. Colocar a fuego medio y llevar a ebullición lentamente, revolviendo la mezcla de vez en cuando. Deje que el caldo hierva vigorosamente durante 5 a

10 segundos, luego reduzca el fuego y déjelo hervir a fuego lento durante 30 minutos.

c) Pasar la sopa a una sartén limpia a través de un colador fino forrado con un doble espesor de muselina. Cortar las carnes de ostra a lo largo en 2 o 3 rodajas, según su tamaño. Vuelve a hervir la sopa, añade las rodajas de ostra y déjalas cocer a fuego lento durante 5 segundos. Luego vierta la sopa en tazones calientes y esparza cada uno generosamente con las hojas de la hierba. Servir inmediatamente.

59. Estofado de ostras

- 4 cucharadas ($\frac{1}{2}$ barra) de mantequilla, cortada en trozos pequeños
- Jugo de $\frac{1}{2}$ limón (aproximadamente $1\frac{1}{2}$ cucharadas)
- 12 a 24 ostras en media concha
- 2 tazas de leche entera
- 1 taza de crema espesa
- 1 taza de caldo de pescado
- 2 cucharadas de pimentón
- $\frac{1}{2}$ cucharadita de pimienta de cayena

a) Precalienta una parrilla.

b) Coloque una pizca de mantequilla y un chorrito de limón en cada concha de ostra. Acuéstese sobre la parrilla y cierre la tapa. Cocine de 5 a 6 minutos o hasta que la mantequilla se derrita. Apaga el fuego y deja la tapa cerrada.

c) Mientras tanto, hierva la leche, la crema, el caldo, el pimentón y la pimienta de cayena, si se usa, en una cacerola de 4 cuartos a fuego medio-alto. Reduzca inmediatamente el fuego a bajo y cocine a fuego lento durante 10 minutos. Asegúrese de que la leche no se queme.

d) Retire las ostras de la parrilla y agréguelas suavemente junto con sus jugos a la olla. Revuelva durante 1 minuto, transfiera a tazones y sirva caliente.

60. Ostras con Champagne Sabayón

2 porciones

- 8 ostras
- para el sabayón de champán
- 200 ml (7 fl oz) de champán
- pizca de azúcar en polvo
- 3 yemas de huevo
- 75 g (3 oz) de mantequilla clarificada, calentada
- un poco de pimienta de cayena

a) Precalienta la parrilla a fuego alto. Abrir las ostras y verter el jugo de cada una. Colóquelos, aún en sus medias conchas, en una bandeja grande para asar, cúbralos con film transparente y déjelos a un lado.

b) Poner el champán y el azúcar en una cacerola pequeña, llevar a ebullición y hervir rápidamente hasta que se reduzca a 4 cucharadas. Verter en un bol grande resistente al calor y dejar enfriar. Agrega las yemas de huevo, coloca el bol sobre una olla con agua apenas hirviendo y bate con fuerza hasta que la mezcla haya aumentado enormemente de volumen, esté espesa, ligera y espumosa, y deje un rastro al rociarla sobre la superficie.

c) Retire el tazón del fuego y bata muy lentamente la mantequilla clarificada tibia. Sazone al gusto con un poco de sal.

d) Vierta 1 cucharada de champán sabayón sobre cada ostra y espolvoree muy ligeramente cada una con una pizca de pimienta de cayena. Coloque debajo de la parrilla durante unos 30 segundos hasta que estén ligeramente doradas, luego divida las ostras en dos platos y sirva inmediatamente.

e) Para hacer mantequilla clarificada, coloca la mantequilla en una sartén pequeña y déjala a fuego muy lento hasta que se derrita.

LANGOSTA, SCALLOPS Y CANGREJO

61. Bisque de langosta y tomate

- 1 cucharada de aceite de oliva
- 4-6 dientes de ajo, finamente picados
- 1 tallo de apio, finamente picado
- 1 cebolla blanca dulce pequeña, finamente picada
- 1 tomate mediano, cortado en cubitos
- $1\frac{1}{2}$ - $1\frac{3}{4}$ libra de langosta
- 2 tazas de leche entera
- 1 taza de salsa de tomate
- $\frac{1}{2}$ taza de crema espesa
- $\frac{1}{2}$ taza de caldo de pescado

- 4 cucharadas ($\frac{1}{2}$ barra) de mantequilla sin sal
- 2 cucharadas de perejil fresco finamente picado
- 1 cucharadita de pimienta negra recién molida

a) Caliente el aceite en una cacerola grande a fuego medio-alto. Agregue el ajo, el apio y la cebolla y cocine, revolviendo, durante 8 a 10 minutos. Agrega los tomates.

b) Coloca la langosta boca arriba sobre una tabla de cortar. Haga una incisión en el centro de la cola casi hasta la punta, sin cortar el caparazón; separe la cola.

c) Ase la langosta durante 15 a 18 minutos, con la cáscara hacia abajo, con la tapa cerrada. Transfiera la langosta de la parrilla a una tabla de cortar y retire la carne y el caldo. Deseche la cáscara y reserve la carne.

d) Hierva la leche, la salsa de tomate, la nata, el caldo y la mantequilla en la cacerola con las verduras. Reduce el calor al mínimo. Cocine a fuego lento durante 10 minutos, revolviendo con frecuencia.

e) Agrega la carne de bogavante y el tomalley y el perejil y la pimienta. Tape y cocine a fuego lento al mínimo posible durante 4 a 5 minutos.

62.Sopa de cangrejo y maíz

Para 4 personas

- 1,2 litros de caldo de pollo
- 2 mazorcas de maíz frescas
- 225 g (8 oz) de carne de cangrejo blanca fresca
- 5 cucharaditas de harina de maíz
- 1 cucharadita de jengibre fresco de raíz muy finamente picado
- 2 cebolletas, cortadas en trozos de 2½ cm (1 pulgada) y finamente ralladas a lo largo
- 1 cucharada de salsa de soja ligera
- 1 cucharada de vino de arroz chino o jerez seco

- 1 clara de huevo, ligeramente batida

a) Llevar a ebullición el caldo de pollo en una sartén. Mientras tanto, coloque las mazorcas de maíz sobre una tabla y corte los granos con un cuchillo grande y afilado. Agregue el maíz al caldo y cocine a fuego lento durante 5 minutos.

b) Revise la carne de cangrejo en busca de pequeños trozos de cáscara, manteniendo la carne en los trozos más grandes posibles. Mezcle la harina de maíz hasta obtener una pasta suave con un poco de agua fría, mezcle con la sopa y cocine a fuego lento durante 2 minutos.

c) Agregue la carne de cangrejo, el jengibre, las cebolletas, la salsa de soja, el vino de arroz o jerez, 1 cucharadita de sal y un poco de pimienta al gusto. Cocine a fuego lento durante 1 minuto.

d) Ahora revuelva bien la sopa, retire la cuchara y gotee lentamente la clara de huevo batida para que forme hebras largas y delgadas en la sopa. Cocine a fuego lento durante unos 30 segundos y luego sirva inmediatamente.

63.Cangrejo con cohete

Para 4 personas

- 350 g (12 oz) de carne de cangrejo blanca fresca
- 2 cucharaditas de jugo de limón fresco
- 4 cucharaditas de aceite de oliva extra virgen, preferiblemente aceite de oliva con limón, más extra para rociar
- 8 hojas de albahaca, finamente ralladas
- un puñado de hojas de rúcula silvestre
- sal marina y pimienta negra molida, para decorar

a) Coloque la carne de cangrejo en un bol y agregue suavemente el jugo de limón, el aceite de oliva, la albahaca y un poco de condimento al gusto.

b) Haga una pila pequeña y alta de la mezcla de cangrejo en cuatro platos, colocándolos ligeramente fuera del centro. Coloque un pequeño montón de hojas de rúcula al lado.

c) Rocíe un poco más de aceite de oliva sobre la rúcula y alrededor del borde exterior de los platos.

d) Espolvorea el aceite con un poco de sal marina y pimienta negra molida y sirve.

64. Sopa De Cangrejo Araña Con Hinojo

Para 4 a 6 porciones

- 1 carne de cangrejo marrón o araña cocida
- 1 puerro
- 1 cabeza de hinojo
- 1,2 litros (2 pintas) de caldo de verduras
- 2 tomates (aproximadamente 175 g / 6 oz)
- 4 cucharadas de aceite de oliva
- pizca de chiles secos triturados
- pizca de semillas de hinojo, ligeramente trituradas
- 1 tira pelada de piel de naranja
- ½ cucharadita de puré de tomate
- 4 dientes de ajo, en rodajas

- Pastis 50ml, como Pernod o Ricard
- jugo de ½ naranja
- pizca de hebras de azafrán

a) Para hacer un caldo, poner en una sartén los trozos de cáscara de cangrejo, los recortes de puerro e hinojo, la cucharada de carne morena y el caldo de verduras. Llevar a ebullición durante 30 minutos.

b) Calentar el aceite de oliva en una sartén, añadir la guindilla seca, las semillas de hinojo, la piel de naranja, el puré de tomate, el ajo, el puerro y el hinojo y cocinar a fuego lento durante 5 minutos sin dejar que se coloree. Sube un poco el fuego, agrega las pastis y enciéndelo con un fósforo para quemar el alcohol.

c) Colar el caldo a través de un colador fino, agregar el jugo de naranja y el azafrán y dejar hervir a fuego lento durante 10 minutos. Ahora agregue la carne de cangrejo y el tomate y sazone al gusto con sal y pimienta.

d) Sirva en platos hondos calientes y sirva inmediatamente.

65.Cangrejo al Curry con Lechuga

Para 4 personas

- 3-4 tomates maduros en rama de tamaño mediano
- 5 cucharadas de mayonesa
- ½ cucharadita de curry suave en polvo
- ½ cucharadita de jugo de limón fresco
- 2 pizcas de salsa Tabasco
- 500 g (1 libra) de carne de cangrejo blanca fresca
- 50 g (2 oz) de lechuga de cordero, sin raíces
- 2 cucharaditas de aceite de oliva extra virgen
- pan integral fresco, para servir

a) Ponga la mayonesa en un bol y agregue el curry en polvo, el jugo de limón y la salsa Tabasco. Doble esta mezcla ligeramente sobre la carne de cangrejo y sazone al gusto con un poco de sal.

b) Coloque unas rodajas de tomate en el centro de cuatro platos pequeños y sazone ligeramente con sal. Coloque un poco de mayonesa de cangrejo encima. Mezcle la lechuga de cordero con el aceite de oliva y una pizca de sal y amontone al lado. Sirva con un poco de pan integral.

c) Para hacer 300 ml de mayonesa, ponga 2 yemas de huevo en un tazón para mezclar con 2 cucharaditas de vinagre de vino blanco y $\frac{1}{2}$ cucharadita de sal. Apoya el bol sobre un paño para evitar que resbale, luego bate ligeramente para romper las yemas. Con un batidor de varillas batir 300ml de aceite de oliva o de girasol, añadiendo unas gotas de aceite a la vez hasta incorporarlo todo. Alternativamente, ponga un huevo entero, el vinagre y la sal en un procesador de alimentos. Enciende la máquina y agrega lentamente el aceite hasta obtener una emulsión espesa.

66.Sándwich de Cangrejo Deli

Hace 6

- 12 rebanadas finas de pan integral
- 75 g (3 oz) de mantequilla ablandada
- 5 cucharadas de mayonesa
- 1 cucharadita de jugo de limón fresco
- ½ - 1 guindilla roja, según el calor, sin semillas y finamente picada
- 500 g (1 libra) de carne de cangrejo blanca fresca
- 2 cucharadas de perejil de hoja plana recién picado
- Cohete de 50 g (2 oz)

a) Unte con mantequilla las rebanadas de pan y déjelas a un lado.

b) Coloque la mayonesa en un tazón pequeño y agregue el jugo de limón y la guindilla. Ponga la carne de cangrejo y el perejil en otro tazón y revuelva ligeramente con la mezcla de mayonesa. Sazone al gusto con un poco de sal.

c) Coloque seis rebanadas de pan, con la mantequilla hacia arriba, sobre una tabla y vierta la mezcla de cangrejo con una cuchara. Cubra con una capa generosa de hojas de rúcula y luego cubra con las rebanadas de pan restantes. Corta cada sándwich en diagonal en mitades o cuartos y sírvelos inmediatamente.

67.Vieiras fritas a la brasileña

Rendimiento: 4 porciones

Ingrediente

- 1 libra de vieiras frescas
- 8 cucharadas de mantequilla
- 1 taza de harina
- 1 cucharadita de ajo; picado muy fino
- 3 cucharadas de perejil; picado muy fino
- ¼ de cucharadita de sal
- Pimienta negra recién molida □ ½ limón fresco

a) Lave las vieiras rápidamente en agua fría. Extienda en una capa sobre la sartén, cubra con lino o toalla de papel. Cubra con otra toalla y refrigere durante varias horas para que se escurra. Derretir la mantequilla a fuego lento. Coloque la harina en un tazón grande y coloque las vieiras en él. Mezcle las vieiras suavemente hasta que estén cubiertas por todos lados con la harina. Conviértalo en un colador para eliminar el exceso de harina.

b) Agrega las vieiras a la mantequilla y deslizando la sartén hacia adelante y hacia atrás, fríelas de 3 a 4 minutos hasta que estén firmes pero no doradas. No cocine demasiado las vieiras. Agregue el ajo y el perejil a la sartén y cocine por 30 segundos más. Exprime el jugo de limón y agrega la sal y pimienta al gusto antes de servir.

PESCADO

68. Salchicha brasileña rellena uhu

Rendimiento: 12 porciones

Ingrediente

- 5 libras de Uhu (pez loro)
- 1 paquete de salchicha brasileña caliente; rebanado
- Blancas de cebolla verde; cortado a lo largo
- 3 dientes de ajo; picado
- 2 cucharaditas de jengibre; rallado Sal y pimienta para probar

a) Precaliente el horno a 450 grados. Pez mariposa del dorso y deshuesado.

b) Limpiar el pescado como de costumbre; lavar bien y secar dando palmaditas. Pescado a la sal y pimienta al gusto. Combine rodajas de salchicha brasileña, cebolla blanca, ajo y jengibre.

c) Rellenar en la cavidad del pescado y con hilo y aguja, coser para cerrar

d) Coloque una hoja en el costado del pescado, con el lado brillante hacia arriba, y envuélvala en papel de aluminio. Coloque en un molde para hornear y hornee por 1 hora y 15 minutos.

69.Filetes de lenguado brasileño a la parrilla

Rendimiento: 1 porción

Ingrediente

- 8 Filetes de lenguado
- $1\frac{1}{2}$ cucharada de jugo de limón
- 2 cucharadas de mantequilla
- $\frac{1}{4}$ taza de jerez seco
- 1 cucharadita de salsa de soja
- 2 ramitas de perejil picado 1 yema de huevo

a) Coloca los filetes en una bandeja para asar; espolvorear con una parte de jugo de limón y un poco de mantequilla.
b) Ase hasta que el pescado comience a dorarse; retirar.

c) Combine el jugo de limón restante, el jerez, la salsa de soja y el perejil y la yema de huevo: mezcle bien. Vierta sobre el pescado parcialmente cocido; regrese a la parrilla hasta que la salsa comience a burbujear.

d) Sirva de una vez.

70. Recursos pesqueros

- 2 cucharadas de aceite vegetal
- 2 zanahorias medianas, finamente picadas
- 2 tallos de apio finamente picados
- 1 cebolla española grande, finamente picada
- 1 libra de champiñones, en rodajas finas
- 4-6 dientes de ajo, picados
- 3 a 5 libras de marcos y cabezas de pescado
- 1 taza de perejil fresco
- 6 hojas de laurel
- $\frac{1}{4}$ de taza de granos de pimienta negra
- 5-6 ramitas de tomillo
- 4-5 ramitas de orégano
- 4 cuartos de galón de agua
- 1 taza de vino blanco seco

a) Calienta el aceite en una olla a fuego medioalto. Agrega las zanahorias, el apio, la cebolla, los champiñones y el ajo. Cocine, revolviendo durante 8 a 10 minutos.

b) Mientras tanto, amontone las partes del pescado en una pieza de la gasa y átelas con una cuerda. Coloque el perejil, las hojas de laurel, los granos de pimienta, el tomillo y el orégano en el otro trozo de gasa. Ate con una cuerda.

c) Agregue los paquetes de agua, vino y estopilla a la olla. Deje hervir, reduzca el fuego a medio y cocine a fuego lento a fuego lento, sin tapar, durante 45 minutos.

d) Retire los paquetes de gasa del líquido, exprímalos para secarlos y deséchelos. Colar el líquido restante a través de un colador y dejar enfriar durante unos 45 minutos.

71. Sopa de pescado clásica con rouille

- Rouille

- 900 g (2 libras) de pescado mezclado
- 85 ml (3 onzas líquidas) de aceite de oliva
- 75 g (3 oz) de cebolla, apio, puerro e hinojo
- 3 dientes de ajo, rebanados
- jugo de ½ naranja y ralladura de naranja
- 200 g (7 oz) de tomates picados enlatados
- 1 pimiento rojo pequeño, sin pepitas y en rodajas
- 1 hoja de laurel
- Ramita de tomillo
- pizca de hebras de azafrán
- 100 g (4 oz) de gambas cocidas sin pelar

- pizca de pimienta de cayena
- 1,2 litros (2 pintas) de caldo de pescado de buena calidad
- 25 g (1 oz) de queso parmesano, finamente rallado, para servir

a) Caliente el aceite de oliva en una sartén grande, agregue las verduras y el ajo y cocine a fuego lento durante 20 minutos o hasta que esté suave pero sin color. Agrega la ralladura de naranja, los tomates, el pimiento rojo, el laurel, el tomillo, el azafrán, las gambas, la pimienta de cayena y los filetes de pescado. Agrega el caldo de pescado y el jugo de naranja, lleva a ebullición y cocina a fuego lento durante 40 minutos.

b) Licuar la sopa y pasar por un colador a una olla limpia, exprimiendo la mayor cantidad de líquido posible con el dorso de un cucharón. Regrese la sopa al fuego y sazone al gusto con la cayena, sal y pimienta.

c) Sirva la sopa en una sopera caliente y ponga los picatostes, el queso parmesano y el rouille en platos separados.

d) Para hacer picatostes, corte en rodajas finas 1 baguette y luego fría las rodajas en aceite de oliva hasta que estén crujientes y doradas. Escurrir sobre papel de cocina y luego frotar un diente de ajo sobre un lado de cada pieza.

72.Pez espada con salsa brasileña

Rendimiento: 4 porciones

Ingrediente

- 2 libras de filetes de pez espada
- 1 cucharada de explosión de bayou
- 1 cucharada de aceite de oliva
- Salsa brasileña
- $\frac{1}{4}$ de taza de cebollas verdes picadas; para Decorar

a) Espolvoree ambos lados del filete de pez espada con Bayou Blast y frótelo con las manos.

b) Caliente el aceite en una sartén grande a fuego alto. Agregue el pez espada y dore hasta que esté medio crudo, aproximadamente 3 minutos por lado.

c) Para servir, coloque el pez espada en platos calientes, cubra con salsa brasileña y espolvoree con cebollas verdes.

73. Bagre envuelto en berza

- 8 hojas de col blanqueada
- 1 tomate, cortado en cubitos
- 1 taza de aceitunas kalamata sin semillas y en rodajas
- 6 cebolletas, finamente picadas
- 4-6 dientes de ajo, picados
- 1 cucharada de aceite de oliva
- Sal y pimienta negra recién molida
- 4 filetes de bagre, de 8 onzas cada uno
- Rodajas de limón para decorar
- Arroz integral cocido

a) Precalienta una parrilla.

b) Coloque cuatro de las hojas de col sobre una superficie de trabajo. Espolvoree la mitad del tomate, las aceitunas, las cebolletas, el ajo y el aceite y sal y pimienta al gusto en cada hoja.

c) Coloque un filete encima de cada hoja; espolvoree los ingredientes restantes (incluyendo más sal y pimienta, si lo desea) sobre todo.

d) Cubra cada conjunto con las cuatro verduras restantes y asegúrelas firmemente con palillos de dientes.

e) Coloque en un molde para pizza perforado aceitado, coloque el molde sobre la parrilla y baje la tapa. Ase durante 6 a 7 minutos. Voltee suavemente con una espátula y cocine a la parrilla durante 4 a 5 minutos más, hasta que se dore ligeramente.

f) Coloque un bolsillo en cada uno de los cuatro platos. Retire los palillos antes de adornar con las rodajas de limón. Sirve con arroz integral.

74. Pez luna Dijon

- $\frac{1}{4}$ de taza de mayonesa
- 2 cucharadas de mostaza amarilla picante
- Jugo de $\frac{1}{2}$ limón (aproximadamente $1\frac{1}{2}$ cucharadas)
- $\frac{1}{4}$ taza de harina de maíz
- 1 cucharadita de estragón fresco finamente picado
- 1 cucharada de pimienta negra molida □ 2 a 3 libras de filetes de pez luna

a) Precalienta una parrilla.

b) Mezcle la mayonesa, la mostaza, el jugo de limón, la harina de maíz, el estragón y los granos de pimienta en un tazón grande.

c) Sumerja los filetes en la mezcla hasta que estén completamente cubiertos.
d) Coloque los filetes en la parrilla y baje el fuego a medio, si es posible. Cierre la tapa y cocine de 6 a 8 minutos. Dé vuelta y cocine de 4 a 5 minutos más, hasta que la harina de maíz esté ligeramente chamuscada. Servir inmediatamente.

75.Trucha Mariposa A La Plancha

- 3 cucharadas de aceite de maní
- 1 taza de shiitake en rodajas finas
- 6 a 8 dientes de ajo, finamente picados
- 1-2 chiles serranos, sin semillas y desvenados
- 1 taza de repollo blanco rallado
- 1 zanahoria pequeña, pelada y cortada en juliana
- $\frac{1}{2}$ taza de caldo de pescado o pollo
- $\frac{1}{4}$ de taza de salsa de soja baja en sodio
- Jugo de 1 limón (aproximadamente 3 cucharadas)
- 1 trucha con mariposas (2 libras)
- 1 cucharadita de orégano fresco
- 1 cucharadita de sal

- 1 cucharadita de pimienta negra recién molida
- Arroz blanco cocido

a) Caliente 2 cucharadas de aceite en una sartén grande o wok a fuego medio-alto. Sofría los champiñones, el ajo y los chiles durante 3 a 4 minutos; agregue el repollo y la zanahoria, y sofría de 4 a 5 minutos más, hasta que las verduras estén bien calientes.

b) Vierta el caldo y reduzca en un tercio, aproximadamente 5 minutos. Agregue la salsa de soja, revuelva y reduzca el fuego a bajo para mantener el calor.

c) Rocíe la cucharada restante de aceite y el jugo de limón sobre el pescado en mariposa y sazone con el orégano y la sal y pimienta.

d) Asegure el pescado sazonado dentro de una canasta de malla de alambre. Coloque la canasta en la parrilla y cocine de 4 a 5 minutos; voltee y cocine 5 minutos más, o hasta que la carne esté opaca.

e) Retire el pescado de la canasta; divídalo en dos porciones y vierta la salsa para calentar encima. Sirva inmediatamente con el arroz blanco.

76. Trucha Steelhead en Salsa de Vino Tinto

- 2 cucharadas de aceite de oliva
- 1 tallo pequeño de apio, finamente picado
- 1 puerro pequeño, solo la parte blanca
- 1 pimiento verde pequeño, sin semillas
- $\frac{1}{2}$ libra de champiñones
- 1 taza de Beaujolais u otro vino tinto abundante
- 6 cucharadas de orégano fresco, finamente picado
- 1 cucharadita de pasta de tomate
- 1 trucha trucha arco iris entera
- 1 taza de crema espesa
- 1 cucharadita de sal y pimienta

a) Caliente el aceite en una asadera o sartén grande a fuego medio-alto y luego agregue el apio, el puerro, el pimiento morrón y los champiñones. Revuelva y cocine a fuego lento durante unos 15 minutos.

b) Agrega el vino, 2 cucharadas de orégano, 2 cucharadas de tomillo y la pasta de tomate. Reducir a la mitad, de 10 a 12 minutos. Retirar del fuego, tapar y reservar.

c) Con un cepillo o aceite en aerosol, cubra uniformemente la trucha con un poco de aceite y colóquela en una parrilla engrasada. Cierre la tapa y cocine de 8 a 10 minutos por cada lado.

d) Mientras tanto, regrese la salsa de vino tinto al fuego a fuego medio. Agregue la crema y revuelva con frecuencia para evitar que se queme. Reduzca el líquido en aproximadamente un tercio; esto debería tardar unos 15 minutos.

e) Transfiera el pescado a la cacerola con salsa de vino tinto y cubra la trucha con la salsa. Tape y cocine a fuego lento durante unos 5 minutos, hasta que esté completamente caliente.
Espolvoree el orégano y el tomillo restantes, la sal y la pimienta por encima y transfiera a una fuente para servir.

f) Deshuesar el pescado y repartirlo en platos. Sirve con las rodajas de limón.

77. Trucha Ahumada con Salsa de Mostaza

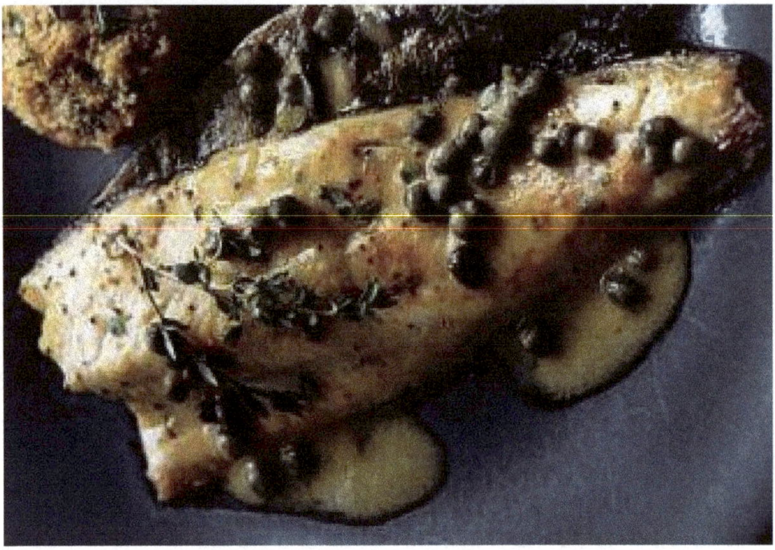

- 1 a 2 libras de filetes de trucha de lago
- 1 cucharada de aceite de oliva
- 1 cebolla mediana, picada en trozos grandes
- ½ tomate pequeño, cortado en cubitos
- ½ taza de aceitunas Gaeta o kalamata, sin hueso y cortadas por la mitad
- ½ taza de vino blanco seco
- ¼ de taza de tomillo fresco, finamente picado
- 2 cucharadas de mostaza de Dijon
- 1 cucharadita de orégano fresco, finamente picado
- 1 cucharadita de pimienta negra recién molida

- Rodajas de limón

a) Prepare una parrilla para asar a la parrilla con humo.

b) Coloque los filetes en el lado frío del ahumador. Cierre la tapa y fume durante unos 45 minutos. Dar la vuelta y seguir fumando 45 minutos más, o hasta que la pulpa esté firme al tacto.

c) Apague el fuego, coloque los filetes en el estante superior de calentamiento de la parrilla y cierre la tapa.

d) Para hacer la salsa, en el aceite, sofría la cebolla, el tomate y las aceitunas en una cacerola grande sin tapar a fuego medio durante 4 a 5 minutos. Revolver.

e) Agregue lentamente el vino, el tomillo, la mostaza, el orégano y la pimienta. Revuelva y cocine a fuego lento, sin tapar, durante 4 a 5 minutos, o hasta que se reduzca a la mitad.

f) Divida la trucha en cuatro trozos; colóquelo en platos calientes y coloque la salsa a un lado.

Sirve con las rodajas de limón.

78. Perca a la plancha con naranja sanguina

- 2 libras de filetes de perca (4 a 8 filetes, según el tamaño)
- Jugo de $\frac{1}{2}$ naranja (aproximadamente 4 cucharadas)
- 1 cucharada de sirope de arce puro
- $\frac{1}{2}$ cucharadita de sal marina
- Cebolletas picadas para decorar
- Ensalada de naranja sanguina
- Bulgur cocido o cebada perlada

a) Combine los filetes, el jugo de naranja, el jarabe de arce y la sal en un recipiente. Cubra y refrigere por 30 minutos.

b) Precalienta una parrilla.

c) Retire los filetes del recipiente, séquelos y colóquelos en una parrilla engrasada. Cocine de 3 a 4 minutos. Dar la vuelta y cocinar 4 minutos más, o hasta que los filetes estén firmes al tacto.

d) Adorne con cebolletas. Sirva inmediatamente con ensalada de naranja sanguina y bulgur.

79. Lucioperca a la plancha con uvas

- $1\frac{1}{2}$ a 2 libras de filetes de lucioperca
- $2\frac{1}{2}$ tazas de melenas peludas
- $\frac{1}{2}$ taza de jugo de uva blanca congelado
- $\frac{1}{2}$ taza de licor con sabor a naranja
- 4 cucharadas de mantequilla sin sal
- 1 taza de uvas globo, cortadas por la mitad
- 2 cucharadas de pimienta negra recién molida
- Ralladura de 1 naranja

a) Cepille la parrilla y el lado de la piel de los filetes con aceite. Cocina los filetes de 4 a 5 minutos. Dé vuelta y cocine de 3 a 4 minutos más, o hasta que la carne esté firme al tacto.

Transfiera al estante de calentamiento y manténgalo caliente.

b) Mientras tanto, para hacer la salsa, sofreír los champiñones en la mantequilla en una cacerola no reactiva hasta que los champiñones estén blandos. Agrega el jugo de uva y el licor. Suba el fuego a medio-alto y cocine de 5 a 6 minutos, o hasta que el líquido se reduzca en aproximadamente un tercio.

c) Agregue las uvas y la pimienta y la mitad de la ralladura y mezcle durante 1 a 2 minutos.

d) Divida la lucioperca en cuatro partes. Sirve la salsa en cuatro platos y coloca los filetes encima.

e) Adorne con el resto de la ralladura de naranja y sirva inmediatamente.

80. Hash Browns de lucioperca

- 1 libra de filete de lucioperca
- 2 papas Yukon medianas, peladas y cortadas en juliana
- $\frac{1}{2}$ taza de cebollas rojas finamente picadas
- $\frac{1}{4}$ taza de crema espesa
- 2 cucharadas de harina para todo uso
- 2 cucharadas de mostaza de Dijon
- 2 cucharadas de queso parmesano rallado
- 1 cucharadita de aceite de canola
- 4 cucharadas de mantequilla sin sal

a) Precalienta una parrilla.

b) Asa el filete de 4 a 5 minutos por cada lado, hasta que esté firme y opaco. Deje enfriar, luego desmenuce el filete y reserve.

c) Mezcle suavemente el filete en copos, las papas, la cebolla, la crema, la harina, la mostaza y el parmesano en un tazón grande para mezclar.

d) En una tabla de cortar, forme una hamburguesa grande con la masa, teniendo cuidado de no romperla. Debe parecerse a un panqueque de gran tamaño.

e) Caliente el aceite y 2 cucharadas de mantequilla en una sartén grande a fuego medio-alto. Con dos espátulas, coloque con cuidado la hamburguesa en la sartén. Saltee a fuego medio hasta que se dore, aproximadamente 10 minutos.

f) Gire suavemente la hamburguesa y salpique con la mantequilla restante. Saltee 10 minutos más o hasta que las papas estén completamente doradas.

g) Cortar en cuatro gajos y servir mientras esté caliente.

81. Rape en adobo de maní

- 1 lata (14 onzas) de leche de coco sin azúcar
- 3 cucharadas de mantequilla de maní crujiente
- 3 cucharadas de salsa de soja oscura (que se encuentra en los mercados asiáticos o en la sección asiática de algunos supermercados)
- $1\frac{1}{2}$ libras de lomos de rape
- 1 cucharadita de aceite vegetal
- 4-5 dientes de ajo, finamente picados
- 2 cucharadas de jengibre fresco finamente picado
- $\frac{1}{2}$ taza de sidra de manzana
- 4-6 cebolletas grandes, finamente picadas

a) En un recipiente no reactivo, mezcle la leche de coco, la mantequilla de maní y la salsa de soja. Deje marinar los lomos en la mezcla durante 1 a 2 horas, tapados, en el refrigerador.

b) Retirar los lomos de la marinada, escurrir y reservar. Desecha la marinada.

c) Precalienta una parrilla.

d) Colocar los lomos de rape sobre una rejilla engrasada. Ase durante 6 a 8 minutos; voltee y cocine a la parrilla durante 6 a 8 minutos más, o hasta que los lomos se sientan firmes al presionarlos con el dedo.

e) Calienta el aceite a fuego medio en una cacerola grande. Sofría el ajo y el jengibre durante 2 a 3 minutos o hasta que estén blandos. Agregue la sidra, revuelva durante 1 minuto, luego espolvoree las cebolletas. Apaga el fuego.

f) Divide los lomos en cuatro porciones. Vierta la salsa sobre cada uno y sirva inmediatamente.

82. Bolsillos de rape-caqui

- 4 hojas de col de col rizada, hervidas
- 1 cucharadita de aceite de sésamo
- 1 cucharadita de ajonjolí
- 1 chile jalapeño pequeño, finamente picado
- 1 cebolla morada mediana cortada en 16 rodajas
- 2 caquis frescos, cada uno cortado en 8 rodajas
- 1 libra de lomos de rape
- ½ cucharadita de pimienta negra molida Pizca de sal

a) Extiende las hojas de repollo, úntalas con la mitad del aceite de sésamo y espolvorea la mitad de las semillas de sésamo y el jalapeño.

b) Coloque dos rodajas de cebolla y dos rodajas de caqui en cada pieza de repollo para que la cebolla esté contra la hoja de repollo.

c) Coloque una pieza de pescado sobre la cebolla y las rodajas de caqui. Cubra con el caqui y la cebolla restantes.

d) Unte con el aceite restante y espolvoree las semillas de sésamo restantes y el jalapeño por encima. Sazone con los granos de pimienta y la sal.

e) Tire de los lados de las hojas de repollo, como si fuera un sobre, y asegúrelo con un palillo. Tire de los extremos y asegúrelos con otro palillo.

f) Coloque los bolsillos en la parrilla, centrados sobre la bandeja de ahumado. Cocine de 10 a 12 minutos. Apague las llamas ocasionales con agua.

g) Gire los bolsillos y cocine otros 10 minutos.

83.Coho a la parrilla hoisin

- Ralladura de 1 limón y jugo de $\frac{1}{2}$ limón
- $\frac{1}{4}$ de taza de salsa de soja baja en sodio
- 2 cucharadas de pimienta negra molida
- 2 libras de filetes de coho
- $\frac{1}{2}$ taza de salsa hoisin
- Cebollino picado para decorar
- Pimiento rojo picado para decorar

a) Batir la ralladura de limón y el jugo, la salsa de soja y los granos de pimienta en un tazón pequeño.

b) Vierta la marinada sobre los filetes y refrigere por 30 minutos.

c) Precalienta una parrilla.

d) Retire los filetes de la marinada, escurra y seque. Con un cepillo para rociar, unte la mitad de la salsa hoisin en ambos lados del coho.

e) Coloque los filetes directamente sobre el fuego y cocine por 4 minutos. Unte con la salsa restante y dé vuelta. Cocine por 4 minutos más, o hasta que esté ligeramente suave al tacto. Asa el pescado menos tiempo para que esté crudo y más tiempo para que esté bien cocido.

f) Repartir el pescado en cuatro platos, decorar con el cebollino y los pimientos rojos y servir de inmediato.

84. Fletán a la plancha en leche de coco

- 4 filetes de fletán, de 1 pulgada de grosor, alrededor de 2 libras

- 1 cucharada de aceite vegetal
- 4-6 dientes de ajo, finamente picados
- ¼ taza de jengibre fresco finamente picado
- ¼ taza de chiles jalapeños finamente picados
- 1-2 filetes de anchoa, picados
- ¾ taza de caldo de pollo
- ½ taza de leche de coco sin azúcar
- 1/3 taza de salsa de tomate
- ¼ taza de salsa de soja oscura
- Pimienta negra recién molida
- ½ tomate, cortado en cubitos
- 1 cucharada de sirope de arce puro
- 2 tazas de fideos de arroz
- 1 cucharada de aceite de sésamo
- 6 a 8 cebolletas grandes
- Rodajas de limón

a) Ase el fletán en una parrilla engrasada durante aproximadamente tres cuartos del tiempo real deseado, de 3 a 4 minutos por lado.

b) Caliente el aceite en una cacerola grande o wok y saltee el ajo, el jengibre, los chiles jalapeños y las anchoas a fuego medio durante 3 a 4 minutos.

c) Agrega el caldo, la leche de coco, la salsa de tomate, la salsa de soja y la pimienta negra al gusto; cocine a fuego medio durante 7 a 8 minutos, o hasta que se reduzca a la mitad.

Agregue el tomate cortado en cubitos y cocine a fuego lento de 3 a 4 minutos más.

d) Sofría los fideos en el aceite de sésamo hasta que estén calientes. Agregue aproximadamente un tercio de la salsa de la sartén y mezcle.

e) Coloque los filetes de fletán calientes a la parrilla en la sartén con la salsa restante, coloque la salsa sobre los filetes y dé vuelta para cubrirlos.

f) Espolvorea las cebolletas sobre el fletán y sírvelas con los fideos y las rodajas de limón.

85. Mahi-Mahi glaseado con sorbete de limón

- 2 tazas de sorbete de limón congelado

- Jugo de 1 limón grande (3 a 4 cucharadas) y ralladura de 1 limón grande (aproximadamente 1 cucharada)
- 2 libras de filetes de mahi-mahi, de 1 pulgada de grosor
- Cilantro fresco picado para decorar

a) Precalienta una parrilla.

b) Derrita el sorbete durante 4 a 5 minutos en una cacerola de 4 cuartos de galón o una cacerola grande a fuego medio-alto.

c) Agregue el jugo de limón y la mitad de la ralladura, baje el fuego a fuego lento y reduzca en un tercio, aproximadamente 8 minutos.

d) Retirar del fuego y dejar enfriar.

e) Coloque los filetes en un plato y vierta la mitad de la salsa fría sobre ellos, volteándolos para cubrirlos completamente.

f) Transfiera los filetes a la parrilla y cocine de 4 a 5 minutos. Dé vuelta, unte la salsa reservada encima y cocine 5 minutos más, o hasta que el pescado esté firme al tacto.

g) Adorne con la ralladura de limón restante y el cilantro.

86.Relleno de tilapia y café

- 2 bagels, cortados en trozos pequeños
- 1 bollo, partido en pedazos
- 1 croissant, partido en trozos
- $\frac{1}{4}$ de cebolla morada pequeña, picada en trozos grandes
- 1 naranja mediana, cortada en trozos
- 4 huevos grandes
- Sal y pimienta negra recién molida
- 2 libras de tilapia
- 1 limón cortado en cuartos

a) En el tazón de un procesador de alimentos, tritura los trozos de bagel, los trozos de bollos, los trozos de croissant, la cebolla, los trozos de naranja, los huevos y la sal y pimienta al gusto durante 10 a 15 segundos, o hasta que los ingredientes estén bien mezclados pero no hechos puré . Puede que tenga que hacer esto en dos o tres lotes. Deje a un lado el relleno en un bol.

b) Extiende los cuatro trozos de papel de aluminio por separado. Coloque un trozo de tilapia en cada uno y vierta una capa de relleno de $\frac{1}{2}$ pulgada de espesor sobre cada filete (usará aproximadamente $\frac{1}{2}$ taza cada uno). Exprime un cuarto de limón sobre cada uno de ellos. Es posible que tenga restos de relleno, que se pueden congelar para otro uso.

c) Pellizque el papel de aluminio en la parte superior. Coloque los paquetes de papel de aluminio en la parrilla a fuego alto. Cocine por unos 10 minutos. Puede que tenga que comprobar si el relleno está bien calentado; de lo contrario, vuelva a colocarlo en la parrilla (y déle la vuelta con cuidado) durante 4 a 5 minutos más.

d) Retirar de la parrilla y permitir que los invitados abran los paquetes y retiren el contenido ellos mismos para una presentación más festiva.

87. Pompano asado al curry

- 1 cucharada de aceite de oliva
- 1 cebolla mediana, finamente picada
  (aproximadamente 1 taza)
- 4-5 dientes de ajo, finamente picados
- 1 cucharada de galanga (o jengibre) finamente picada
- $\frac{1}{2}$ taza de leche de coco light
- 2 palitos de limoncillo, magullados (o 2 tiras anchas de ralladura de limón)
- 1 cucharadita de chile en polvo (o salsa picante al gusto)
- 1 cucharadita de curry en polvo

- 1 cucharadita de cúrcuma molida
- $\frac{1}{2}$ cucharadita de canela molida
- $1\frac{1}{2}$ libras de filetes de pámpano, de aproximadamente 1 pulgada de grosor
- Jugo de $\frac{1}{2}$ limón (aproximadamente $1\frac{1}{2}$ cucharadas)
- Rodajas de limón

a) Caliente el aceite en una sartén grande a fuego medio-alto. Sofría la cebolla, el ajo y la galanga de 3 a 4 minutos.

b) Agregue la leche de coco, la hierba de limón, el chile en polvo, el curry en polvo, la cúrcuma y la canela. Cocine durante unos 5 minutos, o hasta que el líquido se reduzca en un tercio. Reduzca el fuego a bajo.

c) Precalienta una parrilla.

d) Coloque los filetes en una parrilla engrasada, rocíe el jugo de limón encima y cocine de 4 a 5 minutos. Dé vuelta y cocine por 4 a 5 minutos más, o hasta que el pescado esté firme al tacto.

e) Retire los filetes de la parrilla, vierta la salsa tibia sobre ellos, divídalos en cuatro porciones y sirva inmediatamente con las rodajas de limón.

88.Pescado azul con tomate y albahaca

- 2 libras de filetes de pescado azul
- Jugo de 2 limas y ralladura de 1 lima
- 2 cucharaditas de sal marina
- 4-5 tomates medianos, en cubos
- 1 taza de albahaca fresca picada
- $\frac{1}{4}$ de taza de aceite de oliva extra virgen de buena calidad
- 1 cucharada de granos de pimienta verde y rosa recién molidos
- 3-4 dientes de ajo picados

a) Coloque los filetes en un recipiente no corrosivo y cúbralos con el jugo de 1 lima (aproximadamente 2 cucharadas) y 1 cucharadita de sal. Refrigere por 30 minutos.

b) Mezcle las 2 cucharadas restantes de jugo de limón, 1 cucharadita de sal y los tomates, la albahaca, el aceite, los granos de pimienta, el ajo y la ralladura en un tazón grande para mezclar. Revuelva bien y reserve.

c) Precalienta una parrilla.

d) Retire los filetes de pescado azul de la marinada, escurra y transfiera a la parrilla.

e) Coloque los filetes directamente sobre el fuego y cocine por 5 minutos; voltee y cocine 5 minutos más, o hasta que el pescado esté firme al tacto.

f) Transfiera los filetes a platos calientes, vierta la salsa sobre cada uno y sirva inmediatamente.

89. Sábalo a la plancha con morillas

- 2 cucharadas de mantequilla sin sal
- 1 cucharadita de aceite de oliva
- 2 tazas de colmenillas, limpias y cortadas en rodajas
- $\frac{1}{2}$ cucharadita de sal marina
- 1 cucharada de pimienta negra recién molida
- 1 cucharada de brandy
- 1 filete de sábalo deshuesado, aproximadamente 1 libra

a) Derrita la mantequilla en una cacerola mediana a fuego medio-alto. Agregue el aceite y saltee las morillas, la sal y la pimienta durante 8 a 10 minutos (de 12 a 15 minutos si es grande), tapado.

b) Destape, agregue el brandy, si lo usa, y reduzca en aproximadamente un tercio, de 2 a 3 minutos. Apague el fuego pero manténgalo caliente a fuego lento.

c) Coloque el filete en una parrilla engrasada. Cocine de 4 a 5 minutos; voltee y cocine por 4 a 5 minutos más, o hasta que el pescado esté opaco. Dividir por la mitad y transferir a dos platos calientes. Coloque las colmenillas a un lado.

90. Huevas de sábalo ahumado

- huevas de sábalo frescas en su propio saco, $\frac{1}{2}$ a 1 saco por persona
- Rodajas de limón

a) Prepare una parrilla para asar a la parrilla con humo.

b) Rocíe generosamente la rejilla y la parte inferior de los sacos de huevas con aceite en aerosol. Coloque los sacos en cuadrados de aluminio de 30 cm (30 cm) muy aceitados en el lado frío de la parrilla. Fumar durante 1 ½ horas con la tapa cerrada.

c) Retirar con cuidado con una espátula y servir inmediatamente con las rodajas de limón.

91.Sábalo Ahumado con Gazpacho

- Jugo de 1 limón
- 2 libras de filetes de sábalo deshuesado
- 2 cucharadas de pimienta negra molida
- 1 cucharada de sal marina
- 1 lata (14½ onzas) de tomates guisados
- 1 cucharada de aceite de oliva
- 2 cucharaditas de vinagre de sidra
- ½ cucharadita de cilantro molido
- ½ cucharadita de comino molido
- ½ cucharadita de salsa picante, más extra si lo desea
- ½ cucharadita de orégano seco
- 1 pepino inglés

- 1 pimiento verde pequeño, picado grueso
- 1 cebolla blanca dulce pequeña, picada en trozos grandes
- 8 dientes de ajo picados
- 1 tomate mediano, picado grueso

a) Rocíe 1 ½ cucharada de jugo de limón sobre los filetes de sábalo y sazone con 1 cucharadita de granos de pimienta y ½ cucharadita de sal.

b) Ahúmalo en el lado frío de la parrilla durante 1 ½ horas, o hasta que los filetes hayan adquirido un tono dorado pero permanezcan suaves. Retirar y refrigerar durante al menos 12 horas.

c) Para hacer el gazpacho, muele el jugo de limón restante, los granos de pimienta y la sal y los tomates guisados, el aceite, el vinagre, el cilantro, el comino, la salsa picante y el orégano en el recipiente de un procesador de alimentos cuatro o cinco veces.

d) Agrega la mitad del pepino, la mitad del pimiento, la mitad de la cebolla y la mitad del ajo. Pulse cinco o seis veces, luego transfiera a un tazón grande.

e) Agregue el tomate y las verduras picadas restantes y revuelva bien. Cubra y transfiera al refrigerador por al menos 12 horas.

92.Pargo rojo ahumado en hojas de té

- 6 cucharadas de hojas secas de té negro
- 3-4 anís estrellado, triturado
- 4-6 dientes de ajo, finamente picados
- 2 cucharadas de canela molida
- 2 cucharadas de salsa de soja baja en sodio
- 1 cucharada de sirope de arce puro
- 1 pargo entero, de 2½ a 3 libras, deshuesado y con mariposas
- Papa's Papaya Chutney Arroz integral cocido

a) Prepare una parrilla para asar a la parrilla con humo.

b) Mezcle las hojas de té, el anís, el ajo, la canela, la salsa de soja y el jarabe de arce hasta formar una pasta. Frote la pasta en la carne del pescado con una espátula.

c) Engrase la parrilla y la piel del pargo con aceite en aerosol o un cepillo. Coloque el pargo en el lado frío de la parrilla y cierre la tapa. Fumar $1\frac{1}{4}$ horas; voltee y ahúme $1\frac{1}{4}$ horas más, o hasta que el pescado esté dorado.

d) Retire el pargo del fuego, divida cada lado en dos porciones y sirva inmediatamente con Papa's Papaya Chutney y arroz integral.

93.Yellowtail ahumado sobre hinojo

- ½ tallo de hinojo fresco, cortado por la mitad a lo largo
- 2 libras de filetes de cola amarilla
- Rodajas de limón
- Salsa de eneldo y mostaza

a) Prepare una parrilla para asar a la parrilla con humo.

b) Coloque aproximadamente 2 tazas de granos de maíz secos en el centro de una olla ahumadora o en un cuadrado de 18 pulgadas de papel de aluminio resistente. Coloca el hinojo en el centro del maíz. Cubra y coloque directamente sobre la fuente de calor.

c) Espere hasta que el maíz y el hinojo comiencen a humear, unos 10 minutos. Coloque los filetes de rabo amarillo en el lado frío de la parrilla, sobre parrillas engrasadas. Cierra la tapa y ahúma de 1 a $1\frac{1}{2}$ horas, o hasta que el pescado esté ligeramente dorado. Levante la tapa solo ocasionalmente para verificar si hay llamas. Rocíe con agua si es necesario.

d) Retirar los filetes del fuego, dividir en cuatro porciones y servir tibios con las rodajas de limón y la salsa de mostaza y eneldo.

94.Corvina ahumada

- $\frac{1}{2}$ taza de aceite de oliva
- Jugo de 1 limón
- 2 cucharadas de orégano finamente picado
- 2 cucharadas de tomillo finamente picado
- 1 cucharadita de sal
- 1 cucharada de pimienta negra recién molida
- 2 libras de filetes de corvina □ Papa's Papaya Chutney

a) Mezcle el aceite, el jugo de limón, el orégano, el tomillo, la sal y la pimienta en un tazón grande para mezclar.

b) Coloque la corvina en una bolsa de plástico con cierre de 1 galón o en una bandeja de vidrio para hornear. Vierta la marinada sobre el pescado y refrigere de 1 a 2 horas.

c) Prepare una parrilla para asar a la parrilla con humo.

d) Retire la corvina de la marinada, séquela y colóquela en el lado frío del ahumador. Cierre la tapa y fume durante aproximadamente 1 hora. La temperatura de la parrilla debe mantenerse entre 200 y 250 ° F.

e) Reponer el maíz o las astillas de madera si es necesario, dar la vuelta al pescado y ahumar de 1 a $1\frac{1}{2}$ horas más, o hasta que los filetes estén dorados. Sirva caliente con Papa's Papaya Chutney.

95. Patina con azafrán y pasas sultanas

Para 4 personas

- 2 alas de patín sin piel y recortadas
- 100 ml de aceite de oliva virgen extra
- 6 dientes de ajo finamente picados
- 1 lata de 400 g de tomates ciruela de buena calidad
- 30 g ($1\frac{1}{4}$ oz) de pasas sultanas
- pizca de hebras de azafrán
- pizca de chiles secos triturados
- 2 hojas de laurel frescas
- 1 cucharadita de azúcar en polvo
- 1 cucharadita de alcaparras pequeñas, escurridas y enjuagadas

a) Primero haz la salsa. Pon el aceite de oliva y el ajo en una sartén mediana. Colocar a fuego medio y en cuanto el ajo comience a chisporrotear, agregar los tomates, las pasas, el azafrán, los chiles secos, las hojas de laurel, el azúcar y $\frac{1}{2}$ cucharadita de sal. Llevar a fuego lento y dejar cocer durante 30 minutos, removiendo de vez en cuando y partiendo los tomates con una cuchara de madera. Retire las hojas de laurel, sazone al gusto con sal y pimienta y mantenga caliente.

b) Ponga a hervir 1,5 litros ($2\frac{1}{2}$ pintas) de agua en una olla grande y poco profunda. Agrega 1 cucharada de sal y las alas de patín y déjalas hervir a fuego lento durante 10 minutos hasta que estén cocidas.

c) Levanta las alas del patín del agua sobre una tabla y corta cada una en dos o tres pedazos. Coloque un poco más de la mitad de la salsa de tomate en la base de una fuente ovalada para servir caliente y coloque los trozos de patín encima. Vierta el resto de la salsa por el centro del patín, esparza con las alcaparras y sirva.

Sopa De San Juan

Para 4 personas

- 500 g (1 libra) de mejillones, limpios
- 150 ml (¼ de pinta) de sidra de Cornualles
- 25 g (1 oz) de mantequilla
- 100 g de tocino ahumado y rayado sin corteza
- 1 cebolla pequeña finamente picada
- 20 g (¾oz) de harina común
- 1 litro (1¾ pintas) de leche entera
- 2 patatas
- 1 hoja de laurel
- 225 g (8 oz) de filete de San Pedro

- 120ml de crema doble
- pizca de pimienta de cayena
- sal y pimienta blanca recién molida
- 2 cucharadas de perejil recién picado

a) Ponga los mejillones limpios y la sidra en una sartén mediana a fuego alto. Tape y cocine de 2 a 3 minutos o hasta que se abran, agitando la sartén de vez en cuando.

b) Derretir la mantequilla en otra sartén, agregar el tocino y freír hasta que esté ligeramente dorado. Agregue la cebolla y cocine a fuego lento durante 5 minutos o hasta que la cebolla se ablande.

c) Agregue la harina y cocine por 1 minuto. Agregue gradualmente la leche y luego agregue todo menos la última cucharada o dos del licor de cocción de mejillones. Agregue las papas y la hoja de laurel y 1 cucharadita rasa de sal y cocine a fuego lento.

d) Retire la hoja de laurel, agregue los trozos de San Pedro y cocine a fuego lento durante 2-3 minutos o hasta que el pescado esté cocido. Agregue la crema doble.

e) Retirar del fuego y agregar los mejillones.

96.Goujons de lenguado al limón

Para 4 personas

- 450 g (1 libra) de filetes de lenguado de limón sin piel
- 100 g (4 oz) de pan rallado blanco fresco
- 25 g (1 oz) de queso parmesano, finamente rallado
- ½ cucharadita de pimienta de cayena
- aceite de girasol, para freír
- 50 g (2 oz) de harina común
- 3 huevos batidos
- rodajas de limón, para servir

a) Corta los filetes de pescado en diagonal en tiras de unos $2\frac{1}{2}$ cm (1 pulgada) de ancho. Mezclar el pan rallado con el queso parmesano rallado y la pimienta de cayena y reservar. Caliente un poco de aceite para freír a 190 ° C / 375 ° F o hasta que un cubo de pan del día anterior se dore en aproximadamente un minuto. Cubra una bandeja para hornear con abundante papel de cocina.

b) Cubra los goujons de a pocos en la harina, luego en huevo batido y finalmente en la mezcla de pan rallado, asegurándose de que todos adquieran una capa uniforme y permanezcan separados.

c) Deje caer un pequeño puñado de goujons en el aceite y fría durante aproximadamente 1 minuto hasta que estén crujientes y dorados. Saque con una cuchara ranurada sobre la bandeja para hornear forrada de papel para escurrir y repita con el pescado restante, asegurándose primero de que el aceite haya vuelto a la temperatura.

d) Apile los goujons en cuatro platos calientes y decore con las rodajas de limón. Si lo desea, sírvalo con una ensalada mixta de hojas enteras o hierbas, simplemente aderezada con un poco de aceite de oliva extra virgen y un poco de condimento.

97. Huevos Benedict con Eglefino

Para 4 personas

- 300ml (½ pinta) de leche
- 3 hojas de laurel
- 2 rodajas de cebolla
- 6 granos de pimienta negra
- 4 piezas de filete de eglefino ahumado
- 1 cucharada de vinagre de vino blanco
- 4 huevos
- 2 muffins ingleses

- salsa holandesa de buena calidad, para servir
- adornar
- granos de pimienta negra gruesos triturados
- unas cuantas cebolletas frescas cortadas

a) Pon a hervir la leche y 300 ml de agua en una olla poco profunda. Agregue las hojas de laurel, la cebolla, los granos de pimienta y los trozos de eglefino ahumado, deje hervir a fuego lento y cocine durante 4 minutos. Levante el eglefino en un plato, quítele la piel y manténgalo caliente.

b) Ponga a hervir unos 5 cm de agua en una olla mediana, agregue el vinagre y reduzca a fuego lento. Romper los huevos en la sartén uno a la vez y escalfar durante 3 minutos. Mientras tanto, corte las magdalenas por la mitad y tuestelas hasta que estén ligeramente doradas. Sacar los huevos escalfados con una espumadera y escurrir brevemente sobre papel de cocina.

c) Para servir, coloque las mitades de muffins en cuatro platos calientes y cubra con el eglefino y los huevos escalfados. Vierta sobre la salsa holandesa y decore con una pizca de pimienta negra triturada y cebollino picado.

98.Fishcakes japoneses con jengibre

Para 4 personas

- 3 truchas arcoiris, fileteadas
- Trozo de 4 cm ($1\frac{1}{2}$ pulgadas) de raíz de jengibre fresco
- 3 cebolletas tiernas, finamente picadas
- 4 champiñones castaños, finamente picados
- un poco de aceite, para freír
- para la ensalada
- Cohete de 100 g (4 oz)
- 2 cucharaditas de salsa de soja oscura
- 1 cucharadita de aceite de sésamo tostado
- 1 cucharadita de agua fría

- pizca de azúcar en polvo

a) Despellejar y deshuesar los filetes de trucha y luego cortarlos a lo largo en tiras largas y delgadas. Ahora junte estas tiras y córtelas en trozos muy pequeños; no debe trabajar el pescado en una pasta muy fina, pero tampoco debe ser demasiado áspera o no se mantendrá unida.

b) Ponga el pescado en un bol con el jengibre, las cebolletas, los champiñones y un poco de sal y pimienta. Mezcle bien y luego divida la mezcla en ocho y, con las manos ligeramente mojadas, forme hamburguesas de aproximadamente 7½ cm (3 pulgadas) de diámetro.

c) Caliente una sartén antiadherente ligeramente engrasada a fuego medio. Agregue los pasteles de pescado y fríalos durante aproximadamente 1 minuto y medio por cada lado, hasta que estén dorados y bien cocidos. Ponga en platos calientes y apile un poco del cohete al lado. Mezcle los ingredientes restantes de la ensalada para hacer un aderezo y rocíe un poco sobre la rúcula y un poco alrededor del borde exterior de los platos.

99.Filete de fletán asado en costra

Rendimiento: 4 porciones

Ingrediente

- $1\frac{1}{2}$ libras de filete de fletán; cortar en 4 porciones
- Sal; probar
- Pimienta negra recién molida; probar
- 1 taza de migas de pan blanco fresco
- 1 taza de hojas de perejil
- 2 Dientes de ajo
- 2 cucharadas Aceite de oliva

- 1 taza de caldo de pollo
- 1 pimiento rojo
- 2 tazas de lentejas cocidas

a) Precaliente el horno a 425 grados. Sazone el fletán con sal y pimienta. En un procesador de alimentos, agregue el pan rallado, el perejil y el ajo, y presione hasta que estén finamente combinados. Coloque el pescado en una sartén para asar y rocíe la parte superior e inferior con aceite de oliva. Extienda la mezcla de pan rallado sobre el pescado.

b) Ase el pescado durante 8 a 10 minutos. Como pescado asado, coloque el caldo y los trozos de pimiento rojo en una cacerola y deje hervir. Reduzca y cocine a fuego lento hasta que la pimienta esté suave, aproximadamente 15 minutos. Condimentar con sal y pimienta. Retirar del fuego y dejar enfriar durante 5 minutos. Vierta en una licuadora y haga puré con la salsa de pimiento rojo durante 3 minutos hasta que quede sedoso. Retirar y pasar por un colador fino.

c) Coloque el pescado en un lecho de lentejas calientes y rocíe con salsa de pimiento rojo.

CONCLUSIÓN

¡Gracias por hacer este viaje culinario conmigo!

La cocina sudamericana nos depara muchas sorpresas deliciosas. Con su origen europeo, nativo y también africano, el pescado y marisco brasileño es verdaderamente una experiencia única. Con sus playas perfectas, sus bosques tropicales, su salvaje Carnaval de Río y su sentido de la buena vida, este país siempre ha fascinado a personas de todo el mundo.

CPSIA information can be obtained
at www.ICGtesting.com
Printed in the USA
LVHW081537120522
718423LV00006B/597

9 781804 656099